A1

W0206292

Rolf Brüseke

STARTEN WIR!

Deutsch als Fremdsprache
Kursbuch

Hueber Verlag

Für die Unterstützung und die hilfreichen Hinweise bei der Entwicklung des Lehrwerks danken wir:
Manuela Georgiakaki, Athen, Griechenland
Sinem Scheuerer, München, Deutschland

Der Verlag weist ausdrücklich daraufhin, dass im Text enthaltene externe Links vom Verlag nur bis zum Zeitpunkt der Buchveröffentlichung eingesehen werden konnten. Auf spätere Veränderungen hat der Verlag keinerlei Einfluss. Eine Haftung des Verlags ist daher ausgeschlossen.

Das Werk und seine Teile sind urheberrechtlich geschützt.
Jede Verwertung in anderen als den gesetzlich zugelassenen Fällen bedarf deshalb der vorherigen schriftlichen Einwilligung des Verlags.

Hinweis zu § 52a UrhG: Weder das Werk noch seine Teile dürfen ohne eine solche Einwilligung überspielt, gespeichert und in ein Netzwerk eingespielt werden. Dies gilt auch für Intranets von Firmen, Schulen und sonstigen Bildungseinrichtungen.

Eingetragene Warenzeichen oder Marken sind Eigentum des jeweiligen Zeichen- bzw. Markeninhabers, auch dann, wenn diese nicht gekennzeichnet sind. Es ist jedoch zu beachten, dass weder das Vorhandensein noch das Fehlen derartiger Kennzeichnungen die Rechtslage hinsichtlich dieser gewerblichen Schutzrechte berührt.

3. 2. 1. | Die letzten Ziffern
2021 20 19 18 17 | bezeichnen Zahl und Jahr des Druckes/Pressung.
Alle Drucke dieser Auflage können, da unverändert, nebeneinander benutzt werden.
1. Auflage
© 2017 Hueber Verlag GmbH & Co. KG, München, Deutschland
Umschlaggestaltung: Sieveking · Agentur für Kommunikation, München
Zeichnungen: Maike Hettinger, Stuttgart
Layout und Satz: Sieveking · Agentur für Kommunikation, München
Verlagsredaktion: Hueber Hellas, Athen
Druck und Bindung: Druckerei Uhl GmbH & Co. KG, Radolfzell
Printed in Germany
ISBN 978-3-19-016000-6

530_23447_001_01

Inhalt

11 Bist du fit? → Seite 121

Starten wir! A Mein Lieblingssport B Gefällt mir! C Fitness D Schnupfen und Husten Grammatik Xpress Xtra Lesen	**A Interview zum Thema Lieblingssport** Körperteile benennen • eine Statistik lesen • über Sport in den deutschsprachigen Ländern sprechen • sich darüber austauschen, was einem gefällt / nicht gefällt • eine Liste der im Kurs bekannten Sportarten schreiben **B Ein Kursposter über den Lieblingssport schreiben** verstehen, was andere über ihren Lieblingssport sagen **C Anweisungen für ein Fitness-Training schreiben und im Kurs durchführen** Anweisungen verstehen • Fakten über ein Fitness-Studio verstehen • seine Meinung sagen **D Rollenspiel: beim Arzt** sagen, was mir fehlt • verstehen, welche gesundheitlichen Probleme andere haben • ärztliche Anweisungen verstehen	• Modalverb *dürfen* • Verben mit Dativ • Imperativ *(ihr)* • Personalpronomen im Dativ • Possessivartikel *unser-* • lokale Präpositionen *bei, zu* + Dativ	• Körperteile • Sportarten • Bewegung • Fitness • Krankheiten • Dauer und Häufigkeit

12 Beruf und Leben → Seite 133

Starten wir! A Traumjob B Glücklich! C Arbeit und Freizeit Grammatik Xpress Xtra Lesen	**A Seinen Traumjob nennen; die individuell wichtigen Merkmale eines Jobs nennen und begründen** Stellenanzeigen verstehen • sich über Arbeitsplätze austauschen • sich darüber austauschen, was einem im Job wichtig ist **B Über Tipps von anderen berichten** über den Tagesablauf berichten • wiedergeben, was der Arzt gesagt hat **C Eine E-Mail schreiben und den Kurs zu einem Abschiedsumtrunk einladen** Details über Arbeitsplatz, Aufgaben, Weg zur Arbeit etc. verstehen • sich über die Work-Life-Balance von Personen austauschen • über den Zeitpunkt einer Verabredung sprechen	• Präteritum: *haben* • Modalverb *sollen* • Genitiv bei Namen • temporale Präpositionen *vor, nach*	• Traumjobs • Berufe und Arbeitsplätze • Merkmale eines Berufs • Tagesablauf • Work-Life-Balance • Aufgaben im Berufsleben

Vorwort

Liebe Leserinnen und Leser,

Starten wir! ist ein Lehrwerk für Deutsch als Fremdsprache, das in drei Bänden zu den Niveaustufen A1, A2 und B1 des Gemeinsamen Europäischen Referenzrahmens führt. Es wendet sich an junge Erwachsene und ist geeignet für Nullanfänger, die im In- und Ausland Deutsch lernen.

Was macht *Starten wir!* zu einem besonderen Lehrwerk?

- Es ist ein allgemeinsprachliches Lehrwerk. Vorrang hat die unkomplizierte und schnelle Verwendbarkeit von Sprache in Beruf und Freizeit.
- KursleiterInnen unterrichten damit intuitiv und auch ohne Lehrerhandbuch, denn die Arbeitsanweisungen sind detailliert und enthalten Angaben zur Sozialform. Jeder Kursbuchaufgabe entspricht eine Arbeitsbuchübung mit exakt derselben Nummerierung.
- Das Lehrwerk ist schlank, geht aber sehr kleinschrittig voran, sodass auch schwache Lerner gut mitkommen.
- Mobile Endgeräte haben das Kommunikationsverhalten und die Sprache verändert. Das Lehrwerk trägt dem durch die Auswahl der Textsorten Rechnung, bezieht aber auch immer wieder die mobilen Endgeräte der Lerner in den Unterrichtsablauf mit ein.
- Es strukturiert den Unterricht mit eingebauten Wiederholungsschleifen zu Beginn jeder Doppelseite (Starten wir!) sowie Zielaufgaben bzw. Tasks am Ende jeder Doppelseite (Ja, das kann ich ...), die den neu gelernten Stoff zusammenführen und sinnvolle und motivierende handlungsorientierte Anwendungsmöglichkeiten bieten.

Wie ist das Kursbuch aufgebaut?

In 12 Lektionen bietet das Lehrwerk Stoff für ca. 80 Unterrichtseinheiten.
Jede Lektion besteht aus:

- einer Einstiegsseite, die ins Lektionsthema einführt und Wortschatz präsentiert
- drei bzw. vier Doppelseiten A, B, C und D. Die Teile beleuchten unterschiedliche Aspekte des Lektionsthemas. Sie sind ideal für die Durchnahme in Doppelstunden (2 x 45 Min.) geeignet. Jede Doppelseite startet mit einem Einstieg „Starten wir!" und endet mit einer Task „Ja, das kann ich ..." und ist in sich noch einmal in drei nach Fertigkeiten strukturierte Abschnitte unterteilt.
- Doppelseite *Grammatik Xpress:* Grammatikübersicht und erste Übungen für zwischendurch
- eine Seite *Xtra Lesen:* didaktisierter Lesetext, der die Lektion thematisch abrundet

Im Anhang finden Sie Aktionsseiten mit Partneraufgaben zu den Lektionen, eine Übersicht über Länder, Hauptstädte und Sprachen sowie über die Uhrzeit.

Viel Spaß beim Lehren und Lernen mit *Starten wir!* wünschen Ihnen

Autor und Verlag

Symbole und Piktogramme

Hörtext 33 🔊

Grammatik

Wir essen oft Eier.
Oft essen wir Eier.

Worterklärungen

EXTRAS
- Mann
- Frau

Lerntipps

TIPP
Lernen Sie neue Vokabeln in Gruppen.

1 Starten wir!

Super!

CD 1

1 🔊 **1** **Alle im Kurs. Wer spricht?** Hören und unterstreichen Sie.

Mario Amanda Carla Feng David Nina

1 🔊 **2** **Hören Sie noch einmal und ergänzen Sie die Namen.**

3 **Machen Sie Namensschilder.** Schreiben Sie Ihre Vornamen.

Nina

2 🔊 **4** **Alle im Kurs. Hören und wiederholen Sie.**
Dann spielen Sie mit dem Ball. Fragen und antworten Sie.

◆ Wie heißt du?
○ Ich heiße Nina.
Mein Name ist Nina.

A Hallo!

Hören und Grammatik Verb **Sprechen** Ich heiße **Vokabeln und Sprechen** Guten Morgen. Das ist ...

HÖREN UND GRAMMATIK

3 🔊 **1** **Was hören Sie: *Hallo* ... oder *Guten Tag* ...?** Unterstreichen Sie.

1 Guten Tag, mein Name ist Fabio Arnold.

Hallo, mein Name ist Fabio.

3 Hallo, ich heiße Emma.

Guten Tag, ich heiße Emma Vogt.

2 Guten Tag, ich heiße Martha Decker.

Hallo, ich heiße Martha.

4 Hallo, ich heiße Paul.

Guten Tag, ich heiße Paul Schmidt.

4 🔊 **2** **Zu zweit. Hören und wiederholen Sie.** Dann spielen und variieren Sie.

◆ Guten Tag, mein Name ist Fabio Arnold. ○ Hallo, ich heiße Martha.

5 🔊 **3** **Zu zweit. Lesen Sie und ordnen Sie zu.** Dann hören und wiederholen Sie.

◯ ◆ Guten Tag, wie heißen Sie?
○ Guten Tag, mein Name ist Decker, Martha Decker.

◯ ◆ Hallo! Wie heißt du?
○ Mein Name ist Fabio.

◯ ◆ Hi, wie heißt du?
○ Hi, ich heiße Martha.

A

B

C

6 🔊 **4** **Lesen und hören Sie 3 noch einmal und ergänzen Sie.**

ich heiß......	Mein Name .... Fabio.
du heiß......	
Sie heiß...... ...... *(formell)*	

W........ heißt du?	Ich heiße Martha.
W........ heißen Sie?	Mein Name ist Decker.

SPRECHEN

5 **Zu zweit. *Du* oder *Sie*?** Kopf oder Zahl? Spielen und variieren Sie.

David, Nina, Feng ...

◆ Wie heißt du?
○ Ich heiße James.

Lisa Simpson, Mark Zuckerberg, Sebastian Vettel ...

◆ Wie heißen Sie?
○ Mein Name ist Bond, James Bond.

EXTRAS
du → informell
Sie → formell

Vorname
= David, Nina, ...
Nachname
= Bond, Vettel, ...

7 **6** **Zu zweit. Wo ist das?** Hören und unterstreichen Sie.

Dialog 1: Deutschkurs / Meeting
Dialog 2: Deutschkurs / Meeting

7 **7** **Alle im Kurs. Lesen und hören Sie.** Schreiben Sie Vor- und Nachname auf die Rückseite des Namensschildes. Gehen Sie umher und spielen Sie. Wechseln Sie zwischen vorne und hinten.

Nina *Emilia* *Nina Evans* *Emilia Lorenz*

◆ Hallo, ich heiße Nina. Und wie heißt du?
○ Hallo, Nina. Ich heiße Emilia.

◆ Guten Tag. Ich heiße Nina Evans. Und wie heißen Sie?
○ Guten Tag, Frau Evans. Mein Name ist Emilia Lorenz.

VOKABELN UND SPRECHEN

8 **8** **Hören Sie und ordnen Sie zu.**

~~Guten Morgen.~~ Guten Abend. Guten Tag.

Guten Morgen. ....

9 **9** **Hören Sie noch einmal und wiederholen Sie.**

10 **Alle im Kurs. Ihre Lieblingszeit?**
Malen und schreiben Sie auf eine Karte. Suchen Sie Personen mit der gleichen Karte und grüßen Sie.

◆ Guten Morgen, Nina. ○ Guten Morgen, Feng.

10 **11** **Zu zweit. Hören und sortieren Sie.** Dann lesen Sie.

◯ ▲ Guten Tag.
◯ ◆ Guten Tag, Frau Decker. Das ist Herr Kopp.
◯ ○ Guten Tag, Herr Kopp.

11 **12** **Hören Sie. Wer sagt was?** Ordnen Sie zu und schreiben Sie. Dann hören Sie noch einmal und prüfen Sie.

Hallo, Fabio. Hallo, Martha. ~~Hallo, Martha. Das ist Fabio.~~

◆ *Hallo, Martha. Das ist Fabio.*
○ ....
▲ ....

Das **ist** ...

13 **Ja, das kann ich ...** Zu dritt. Spielen Sie den Dialog in 12 und variieren Sie.

Deutsch global

Hören und Vokabeln Alphabet Sprechen Wie bitte? Vokabeln und Schreiben der, das, die

HÖREN UND VOKABELN

1 **Starten wir!** Alle im Kurs. Gehen Sie umher und grüßen Sie.

◆ Guten	Morgen, Tag, Abend,	Frau ... Herr ...	◆ Hallo, Nina.

12 **2** **Zu zweit. Hören Sie und ordnen Sie zu.**

1 Entschuldigung,	**a** wie heißen Sie?
2 Wie	**b** buchstabiere.
3 Ich	**c** bitte?

12 **3** **Wer sagt was? Ordnen Sie zu und schreiben Sie.**
Dann hören Sie noch einmal und lesen Sie.

Ich buchstabiere.

~~Guten Tag. Entschuldigung, wie heißen Sie?~~ | Wie bitte? | Arnold, Fabio Arnold. | Bitte. | Danke. | Arnold. Ich buchstabiere: A-R-N-O-L-D.

◆ *Guten Tag. Entschuldigung, wie heißen Sie?* ○ ....
◆ .... ○ ....
◆ .... ○ ....

EXTRAS
Entschuldigung.
SORRY
Wie bitte?

13 **4** **Wer spricht? Wie heißen die Personen?** Hören und ergänzen Sie.

1 L....r.... **2** M....rg....n

14 **5** **Alle im Kurs. Hören Sie und singen Sie.**

ALPHA - RAP

Aa (a) — **Bb** (be) — **Cc** (tse) — **Dd** (de) — **Ee** (e) — **Ff** (ef) — **Gg** (ge)
Hh (ha) — **Ii** (i) — **Jj** (jott) — **Kk** (ka)
Alles klar!
Ll (el) — **Mm** (em) — **Nn** (en) — **Oo** (o) — **Pp** (pe) — **Qq** (ku)
Rr (er) — **Ss** (ess) — **Tt** (te) — **Uu** (u) — **Vv** (fau) — **Ww** (we)
Xx (iks) — **Yy** (üpsilon) — **Zz** (zett)
Das ist perfekt!

Ää (A-Umlaut)
Öö (O-Umlaut)
Üü (U-Umlaut)
ß (Es-Zett)

15 **6** **Hören Sie und ordnen Sie zu.**

○ **1** EU
○ **2** BMW
○ **3** ICE
○ **4** .de

A

B

C

D

16 **7** **Zeigen Sie auf die Fotos in 6, hören und wiederholen Sie.**

SPRECHEN

17 **8** **Zu zweit. Hören und wiederholen Sie.** Dann spielen und variieren Sie.

Entschuldigung, wie heißt du? Ich buchstabiere ...
Wie bitte? Und du?
Danke. Bitte.

9 **Alle im Kurs. Stellen Sie sich alphabetisch auf.**

◆ Ich heiße **A**ntonio. Und du?
○ Mein Name ist **B**ea.

VOKABELN UND SCHREIBEN

18 **10** **Zu zweit. Hören und ergänzen Sie.**

● das T...x...

● der K...ff... ...

● die P...zz...

START-UP
AUTO
CITY
DEUTSCH
COMPUTER
EXPORT
EURO

18 **11** **Hören Sie noch einmal und wiederholen Sie.**

19 **12** **Schreiben Sie die Wörter und markieren Sie: ●, ● oder ●?** Dann hören und wiederholen Sie.

~~die Tomate~~ | die Jeans | das Auto | die Bluse | das Müsli | der Tee | das Bier | die Jacke | der Bus

● ● ●
die Tomate

● ● ●
...

● ● ●
...

● ● ●
...

● der
● das
● die

● ● ●
...

● ● ●
...

● ● ●
...

● ● ●
...

● ● ●
...

13 **Zu zweit. Ordnen Sie die Wörter aus 10 und 12.**

1 
das Taxi

2 
die Jacke

3 
die Tomate

4 
der Kaffee

5 
der Computer

TIPP
Lernen Sie neue Vokabeln in Gruppen.

14 **Ja, das kann ich ...** Alle im Kurs. Sammeln Sie Ihre Top-5-Wörter.

Top 5: 1. City, 2. Hotel, 3. ...

C Ich komme aus ...

Vokabeln Stadt und Land **Sprechen, Grammatik und Schreiben** Verben / W-Fragen **Sprechen** Wer ist das?

VOKABELN

1 **Starten wir!** Alle im Kurs. Kennen Sie die Namen noch? Spielen Sie mit dem Ball.

◆ Das ist ... → ○ Und das ist ... →

20 ◀)) **2** **Hören und wiederholen Sie.** Dann ordnen Sie zu.

○ die Schweiz ○ Italien ○ Spanien ○ Polen ○ Griechenland ○ Deutschland ○ Österreich

EXTRAS
Italien, Spanien, Polen ...
Aber: **die** Schweiz

SPRECHEN, GRAMMATIK UND SCHREIBEN

21 ◀)) **3** **Vier Freunde auf YouTube.** Zu zweit. Hören, lesen und ergänzen Sie.

◆ Hallo, ich bin Fabio. Ich komme aus .... (tIalein). Aber ich wohne in .... (Brelin). Und das hier ist Paul. Er wohnt in Potsdam.
○ Hallo.
▲ Hi, ich heiße Emma. Ich wohne auch in .... (Brelin). Und das ist Martha. Sie kommt aus .... (Sapnien).
□ Hallo, hallo!

EXTRAS
Ich bin ... = Ich heiße ...

4 **Zu zweit. Und Ihre Lieblingsstadt?** Partner(in) A ◆ schreibt die Stadt, Partner(in) B ○ sagt das Land. Nehmen Sie die Städte und Länder aus 2.

Spanien

Madrid

21 ◀)) **5** **Hören Sie 3 noch einmal und ergänzen Sie.**

◆ Und das hier ist Paul. .... wohnt in Potsdam.
○ Und das ist Martha. .... kommt aus Spanien.

♂ er | ♀ sie

22 🔊 **6** **Party Talk 1.** Lesen und ergänzen Sie. Dann hören und prüfen Sie.

Hallo | Aus | aus | in | ~~das ist~~

Emma: Du, Laura, *das ist* Daniel.
Laura: ……………, Daniel. Woher kommst du?
Daniel: …………… der Schweiz. Und ich wohne …………… München. Und du?
Laura: Ich komme …………… Italien, aus Rom.

EXTRAS
Ich **komme** aus Kenia.
Ich **wohne** in Berlin.

23 🔊 **7** **Party Talk 2.** Hören Sie, sortieren Sie und schreiben Sie ins Heft. Dann lesen Sie.

Guten Tag, ich heiße Laura, Laura Paoletti. Woher kommen Sie, Herr Gibson? | In Berlin. | Aus England. | Und wo wohnen Sie? | ~~Und das ist Herr Gibson.~~

◆ *Und das ist Herr Gibson.*

8 **Ergänzen Sie die Grammatik rechts.**

W……… kommst du? Aus Deutschland.	W……… wohnst du? In Berlin.
W……… kommen Sie? Aus der Schweiz.	W……… wohnen Sie? In München.

ich	komm……	wohn……	bin
du	komm…… ……	wohnst	
er / sie	komm……	wohnt	ist
… Sie	komm…… ……	wohn…… ……	

9 **Zu zweit. Spielen und variieren Sie.**

◆ Woher kommst du, Laura? ○ Aus Italien.
◆ Und wo wohnst du? ○ In Köln.

10 **Alle im Kurs. Schreiben Sie Karten.** Auf jeder Karte steht ein Land und eine Stadt in Deutschland, Österreich oder der Schweiz.

Brasilien
Wien

Legen Sie die Karten auf einen Tisch und mischen Sie. Nehmen Sie eine Karte und gehen Sie umher und fragen und antworten Sie.

◆ Woher …? ○ Aus …
◆ Wo …? ○ In …

EXTRAS
Länder: siehe Seite 154

11 **Und Sie? Schreiben Sie für die Internetseite *Deutschkurs A1*.**

Ich heiße … | Ich wohne in … | Ich komme aus …

12 **Und Ihr(e) Partner(in)? Fragen und schreiben Sie.**

Sie / Er heißt … *Sie / Er wohnt in …*
Sie / Er kommt aus …

13 **Alle im Kurs. Sprechen Sie über Ihre Partnerin / Ihren Partner.**

◆ Das ist … Sie / Er kommt aus …

SPRECHEN

24 🔊 **14** **Zu zweit. Wer ist das?** Raten Sie. Dann hören und prüfen Sie. Ergänzen Sie auch die Grammatik rechts.

……………………

W……… ist das?
W……… kommt er / sie?

www.quizapp.de

Promi-Quiz Level 1
Wer ist das?
Check

Tipp 1: Modedesigner aus Paris
Tipp 2: Trainer aus Deutschland

15 **Ja, das kann ich …** Wer ist das? Woher kommt sie / er? Zu zweit. Partner(in) A ◆ spielt auf Seite 143, Partner(in) B ○ auf Seite 144.

D

Englisch, Spanisch ...

Vokabeln Sprachen **Sprechen und Grammatik** Verben, Ja- / Nein-Fragen **Vokabeln und Lesen** Zahlen

VOKABELN

1 Starten wir! Alle im Kurs. Zeigen Sie Ihren Star auf dem Smartphone und sprechen Sie.

◆ Das ist Angelina Jolie. Sie kommt aus ... Sie wohnt ...

2 Zu dritt. Lesen Sie die Blogposts und ordnen Sie zu.

◯ **1 Taxi in Berlin**
Ich bin Taxifahrer in Berlin und spreche Deutsch, Englisch und Französisch.

◯ **2 Taxis für Sie! – *mytaxi***
Hey. Willkommen bei der Taxi-App! Wir sind Berliner und sprechen Deutsch, Englisch und Russisch.

◯ **3 Taxifahrer für Berlin!**
Bist du Berliner? Sprichst du Englisch?

3 Zu dritt. Ordnen Sie zu und schreiben Sie.

Polen ~~Spanien~~ Italien Österreich Griechenland
~~Spanisch~~ Italienisch Deutsch Polnisch Griechisch

Land	*Spanien*	...
Sprache	*Spanisch*	...

25 **4 Hören und wiederholen Sie.**

SPRECHEN UND GRAMMATIK

5 Zu zweit. Schreiben Sie die Fragen in eine Tabelle wie rechts.

Woher kommst du? Sprichst du Spanisch? Wer ist das? Spricht sie Italienisch? Sprechen Sie Deutsch? Sind Sie aus Polen? Bist du aus der Schweiz?

	2		
Woher	kommst	du?	
	Sprichst	du	Spanisch?

6 Zu zweit. Lesen Sie 2 und 5 noch einmal. Unterstreichen Sie alle Verben und ergänzen Sie die Grammatik.

ich	komme	sprech ...	bin
du	kommst	sprich	...
er / sie	kommt	sprich ...	...
Sie	kommen	sprech	...

26 **7 Zu zweit. Hören und wiederholen Sie.** Schreiben Sie einen Dialog, variieren und spielen Sie.

◆ Bist du aus Polen? ○ Ja. / Nein, aus Italien.
◆ Und sprichst du Deutsch? ○ Ja, ein bisschen.

8 Alle im Kurs. Gehen Sie umher und fragen Sie.

◆ Bist du aus ...? Sprichst du ...?
○ Ja. / Nein. Ja, ein bisschen. / Ja, (sehr) gut. / Nein.

EXTRAS
ja ↔ nein
ein bisschen ☺
gut ☺☺
sehr gut ☺☺☺

9 Und Ihr(e) Partner(in)? Fragen und berichten Sie. ◆ Das ist ... Sie / Er spricht ...

VOKABELN UND LESEN

27 **10** **Hören, lesen und wiederholen Sie die Zahlen auf Seite 18.**

11 **Zu zweit. Testen Sie Ihre Augen.** Schreiben Sie Zahlen wie im Bild rechts. Die Zahlen werden immer kleiner. Partner A hält sein Blatt hoch, Partner B liest. Dann hält Partner B sein Blatt hoch und Partner A liest.

4 2
8 2 0 9
7 0 6 5 1 3
1 3 8 5 6 4 9 7

28 **12** **Zu zweit. Hören Sie und ergänzen Sie.** Spielen Sie auch die Dialoge auf Seite 143.

- ◆ Hallo, hier ist Tom. Ist Emma da?
- ○ Hallo, Tom. Nein, möchtest du die Handynummer?
- ◆ Ja, bitte.
- ○ Das ist die 01...0 ......0 .....3 ...07.
- ◆ Danke. Und die E-Mail-Adresse?
- ○ emma@web.de
- ◆ Danke. Tschüss.

Ist	Emma da?
Möchtest	du ...?

EXTRAS
@ = ätt
.de = Punkt de

13 **Zu zweit. Ordnen Sie zu.**

○ **1** Ich studiere.
○ **2** Ich jogge.
○ **3** Ich mache Yoga.

A

B

C

EXTRAS
Ich mache
gerne Sport ☺

14 **Lesen Sie über Emma. Was ist richtig?** Kreuzen Sie an.

Stylebook

Emma
Interessen:
Sprachen,
Sport, Musik

Hallo, ich heiße Emma. Ich komme aus Zürich und wohne in Berlin. Ich studiere Psychologie. Ich liebe Sprachen. Ich spreche sehr gut Englisch und Französisch, und ich spreche ein bisschen Italienisch.

Ich mache gerne Sport. – Wo? Bei TopFit! Das ist das Fitness-Studio hier in Neukölln. Die Kurse sind super! Ich mache Step, Pilates und Yoga. Und ich jogge.

○ **1** Emma wohnt in München.
○ **2** Sie macht gerne Sport.
○ **3** Sie studiert Medizin.

15 **Ja, das kann ich ...** Alle im Kurs. Schreiben Sie die Kursliste an die Tafel.

Vorname	Nachname	Land	Wohnort	Telefon	E-Mail	Sprachen
Sarah						

◆ Wie heißt ...?
Woher ...?
Wo ...?

Und die Telefonnummer?
E-Mail-Adresse, bitte?
Und du sprichst?

Ich buchstabiere ...
Wie bitte?

Grammatik Xpress

mehr Übungen im Arbeitsbuch und online

VERBEN

	kommen*	heißen	möchten	sprechen	sein
ich	komme	heiße		spreche	bin
du	kommst	heißt	möchtest	sprichst	bist
er / sie	kommt	heißt		spricht	ist
Sie	kommen	heißen		sprechen	sind

**So auch:* wohnen, buchstabieren, joggen, studieren*

1 **Lesen Sie über Hannah und ergänzen Sie die Verben.**

Sie *heißt* (heißen) Hannah. Sie .... (kommen) aus Köln und .... (wohnen) in München. Sie .... (studieren) Medizin. Sie .... (sprechen) Englisch und Italienisch. Sie .... (machen) gerne Sport. – Wo? Bei TopFit! Das .... (sein) *das* Fitness-Studio in Sendling. Die Kurse sind super! Hannah .... (machen) Step, Pilates und Yoga. Und sie .... (joggen).

ER / SIE

er	→	Fabio, Paul ...
sie	→	Laura, Emma ...

2 **Ergänzen Sie *er* oder *sie*.**

Sie heißt Laura. .... kommt aus Italien. .... wohnt in Berlin.

.... heißt Paul. .... kommt aus Deutschland. .... wohnt in Potsdam.

ZAHLEN

0	null
1	eins
2	zwei
3	drei
4	vier
5	fünf
6	sechs
7	sieben
8	acht
9	neun
10	zehn

SATZ

Aussagesatz: Das Verb ist auf Position 2.

	2	
Ich	heiße	Laura.
Mein Name	ist	Paul.
Sie	studiert	Psychologie.

W-Frage

	2	
Wie	heißen	Sie?
	heißt	du?
Woher	kommen	Sie?
	kommst	du?
Wo	wohnen	Sie?
	wohnst	du?
Wer	ist	das?

Ja- / Nein-Frage: Die Antwort ist *Ja / Nein*.

	2			Antwort
	Möchtest	du	die Telefonnummer?	Ja. / Nein.
	Bist	du	aus Deutschland?	

3 **Spielen Sie und ordnen Sie die Karten zu.** Dann schreiben Sie.

Woher | Mein Name | Das ist | heiße Jan. | Wo | ist Laura. | du? | kommen Sie? | wohnst du? | Ich | Herr Meier. | Wie heißt

Mein Name ist Laura.

AUS, IN

4 **Ergänzen Sie *wie, woher* und *aus, in*.**

◆ (1) .... heißt du?
○ Emma.
◆ Und (2) .... kommst du?
○ (3) .... der Schweiz. Und ich wohne (4) .... Berlin.
◆ Ich komme (5) .... Österreich, (6) .... Wien.

Woher?		Wo?	
Aus	Deutschland.	In	Berlin.
	Polen.		Warschau.
	Österreich.		Wien.
	der Schweiz.		Zürich.

DER, DAS, DIE

der, das, die sind Artikel.

● maskulin	● neutral	● feminin
der Bus	das Auto	die Jacke
der Kaffee	das Bier	die Tomate
der Tee	das Müsli	die Bluse

TIPP
Lernen Sie immer
Nomen + Artikel
● der + Kindergarten
● das + Auto
● die + Tomate

5 ***der, das* oder *die*?** Ordnen Sie zu.

die Jacke | das Auto | ~~der Tee~~ | das Bier | der Bus | das Taxi | die Jeans | die Pizza | der Kaffee | der Computer

●	●	●
der Tee		

A ODER a?

6 **Ergänzen Sie.**

	A, B, C ...
Satzanfang:	Ich bin ...
Namen:	Laura, ...mma, ...aul
Nomen:	Taxi, ...izza, ...luse

	a, b, c ...
Verben:	heiße, ...in, ...omme
Artikel:	der, ...as, ...ie

Xtra Lesen

Super! Das bin ich.

1 **Zu zweit. Lesen Sie über Valentina Barra.** Wo ist sie jetzt? Kreuzen Sie an.

○ in Rom
○ in Berlin
○ in Athen

2 **Lesen Sie über Valentinas Freunde und ergänzen Sie die Länder.**

www.stylebook.de

Valentina Barra

Hallo, ich heiße Valentina.

Ich komme aus der Schweiz und wohne in Köln. Ich studiere IT Engineering. Ja, ich liebe Computer. Und ich mache sehr gerne Sport.

Ich spiele Basketball, und ich jogge. Ich spreche Italienisch, sehr gut Englisch und ein bisschen Deutsch.

Das sind meine Freunde. Francesca, Filippo und ich sind jetzt in Berlin. Berlin ist meine Lieblingsstadt!

Valentinas Freunde

Jeff Evans, *Großbritannien*
Jeff kommt aus London.
Er macht gerne Sport und liebt Musik.
Er studiert Medizin.

Karol Nowak, ...
Karol wohnt in Warschau.
Er joggt gerne.

Francesca Catalano, ...
Francesca ist mit Valentina in Berlin.

Marta Lorenzo, ...
Marta wohnt in Madrid.
Sie spricht Spanisch und Englisch.

Filippo Rossi, ...
Filippo ist in der Friedrichstraße.
Shopping in Berlin! Das ist super!

Christine Lemminger, ...
Christine kommt aus Berlin.
Sie ist Taxifahrerin und spricht Deutsch und Englisch.

3 **Lesen Sie noch einmal.** Was ist falsch? Korrigieren Sie.

1 Valentina kommt aus ~~Deutschland.~~ *der Schweiz*
2 Ihre Freunde heißen Francesca und Filippo. ....
3 Marta spricht Deutsch und Englisch. ....
4 Francesca ist mit Valentina in Berlin. ....
5 Jeff studiert Medizin. ....
6 Karol macht gerne Yoga. ....

4 **Schreiben Sie ein Profil *Das bin ich*.** Schreiben Sie wie Valentina.

Hallo, ich heiße …

5 **Schreiben Sie auch über zwei Freunde.**

Hannah kommt aus …

Menschen

Hallo.

Guten …

1 Hallo … Alle im Kurs. Sammeln Sie.

29 **2** Alle im Kurs. Hören Sie und sehen Sie die Bilder an.
Welcher Dialog passt zu welchem Bild? Ordnen Sie zu.

	Bild 1	Bild 2
Dialog 1		
Dialog 2		

A

Wie geht's?

Hören und Sprechen Danke, gut. **Lesen** Berlin, sexy und cool **Sprechen** Hallo!

HÖREN UND SPRECHEN

30 **1 Hören Sie und ordnen Sie zu.**

Dialog 1 ◯
Dialog 2 ◯

A

B

30 **2 Zu zweit. Lesen und ergänzen Sie.** Dann hören Sie noch einmal und prüfen Sie.

Und ~~Wie~~ Danke Morgen Sehr

Dialog 1
- Trainer: Hallo, Sofie! *Wie* geht's?
- Sofie: ...., gut. Und dir?
- Trainer: Sehr gut.

Dialog 2
- Kollegin: Guten ...., Herr Rau. Wie geht es Ihnen?
- Kollege: .... gut. .... Ihnen?
- Kollegin: Danke, gut.

31 **3 Hören und wiederholen Sie.**

Wie geht es Ihnen?	Und Ihnen?	Danke, gut.
Wie geht's?	Und dir?	Sehr gut.

4 Zu zweit. *Du* oder *Sie*? Kopf oder Zahl? Spielen Sie.

- Wie geht's?
- Danke, gut. Und dir?
- Sehr gut.

- Wie geht es Ihnen?
- Sehr gut. Und Ihnen?
- Danke, gut.

EXTRAS
Sie → Wie geht es Ihnen?
Und Ihnen?
du → Wie geht's?
Und dir?

32 **5 Wer sagt was? Hören, schreiben und sortieren Sie.**

Na ja. So lala. Es geht. Und dir? ~~Hallo, Emma! Wie geht's?~~

- *Hallo, Emma! Wie geht's?*
- ....
- ....

6 Wie geht's? Sortieren und schreiben Sie.

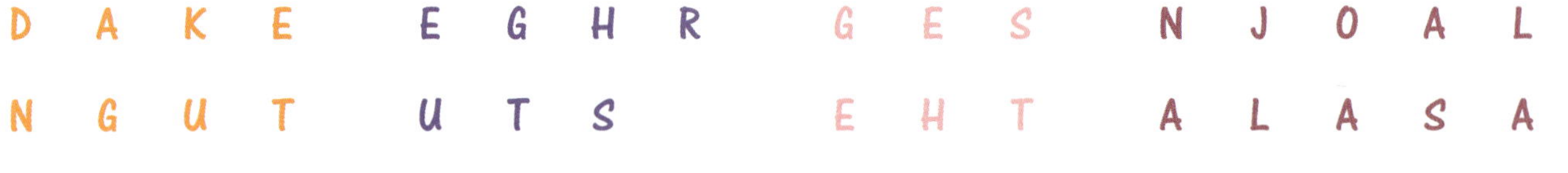

1 .... 2 .... 3 .... 4 ....

7 **Ordnen Sie die Antworten aus 6 zu.**

☺ 1 Da ___
☹ ___

LESEN

8 **Zu zweit. Lesen Sie den Text.** Welche Überschrift passt? Ergänzen Sie.

Guten Tag, Berlin. | **Ich bin cool!** | Wie geht's denn so?

www.city-ranking.com

Quality of living
- Welt
- Europa
- Kultur
- Leben
- Sport

„Wie geht's denn so?" heißt die Studie und fragt Menschen in Städten weltweit: Sehr gut? Gut? Na ja, so lala?

Und die Top 5 Städte sind? Paris? London? New York? ... Nein! Die Top 5 sind Wien, Zürich, Auckland, München und Vancouver.

Und Berlin? Tja, auch Berlin ist „sexy und cool" und kommt auf Platz 16 vor Paris.

9 **Zu zweit. Lesen Sie den Text noch einmal.**
Sortieren Sie die Fragen und ordnen Sie die Antworten zu.

Wie heißt?

1 heißt / Wie / die Studie?
2 heißen / die Top 5 Städte? / Wie
3 ist / Und wie / Berlin?

a Wien, Zürich, Auckland, München und Vancouver.
b Berlin ist sexy und cool.
c Die Studie heißt „Wie geht's denn so?".

SPRECHEN

10 **Ja, das kann ich ...** Alle im Kurs. Gehen Sie umher und begrüßen Sie drei Personen.

◆ Guten Morgen, ... / Tag, ... / Abend, ...
◆ Hallo, ...!
◆ Wie geht's?
○ (Sehr) gut, danke. / Danke, gut. / Es geht. / Na ja. So lala.
○ Und dir?

TIPP
Schreiben Sie die Sätze aus 3 und 4 auf Karten. Die Karten helfen beim Sprechen.

B

Tschüss!

Lesen, Grammatik und Sprechen ein- / kein- **Lesen und Sprechen** Sind Sie ...? **Sprechen** Auf Wiedersehen!

LESEN, GRAMMATIK UND SPRECHEN

1 Starten wir! Alle im Kurs. Spielen Sie mit dem Ball.

◆ Hallo, Laura. Wie geht's?  → ○ Gut, danke. – Hallo, Sven. Wie geht's?  → ▲ Na ja ...

2 Zu zweit. Lesen Sie die Posts und ordnen Sie die Fotopaare A – C zu. Ergänzen Sie die Smileys.

○ 1 Der Xpro, das ist doch kein Laptop. Das MacBook, ***das*** ist ein Laptop! bits.de

○ 2 Das S4U, das ist doch kein Handy. Das Galaxy, ***das*** ist ein Handy! smartphones.de

○ 3 München, das ist doch keine Stadt. Berlin, ***das*** ist eine Stadt! living.de

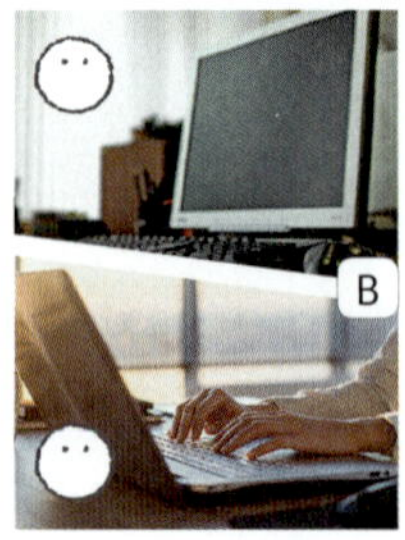

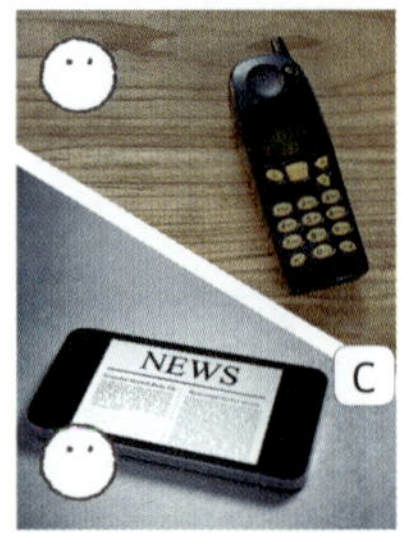

3 Lesen Sie 2 noch einmal und ergänzen Sie *ein-* und *kein-*.

☺	● *ein* Laptop	● .... Handy	● .... Stadt
☹	● *kein* Laptop	● .... Handy	● .... Stadt

33 🔊 **4 Hören Sie, sortieren und schreiben Sie.**

Hm, eine Katze? | Ein Hund! | ~~Na, was ist denn das?~~ | Ja! | Nein, das ist doch kein Hund!

◆ *Na, was ist denn das?*
○ ....

5 Zu zweit. Spielen und variieren Sie den Dialog aus 4.

● ~~Junge~~
● Mädchen

● ~~Familie~~
● Deutschkurs

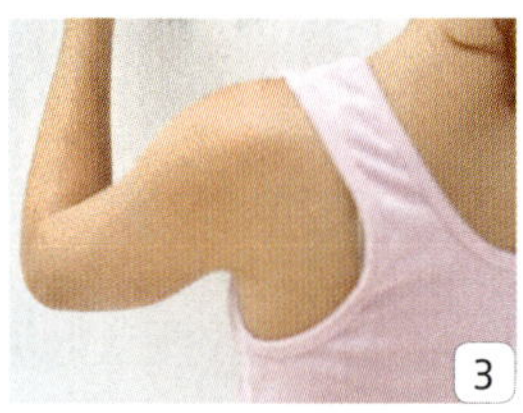

● ~~Mann~~
● Frau

● der	ein	kein	Mann
● das	ein	kein	Mädchen
● die	eine	keine	Frau

LESEN UND SPRECHEN

6 Zu zweit. Städte. Ordnen Sie zu.

○ Frankfurt
○ Wien
○ Berlin

7 Lesen Sie die WhatsApp 1 – 4 und ordnen Sie die Antworten A – D zu.

1 Hallo, wie geht's? Ich bin in Berlin. Ich liebe Berlin!
Laura ✓

2 Guten Morgen, Martha. Bist du okay? Kommst du? Möchtest du Kaffee oder Tee?
Fabio ✓

3 Guten Abend. Sind Sie in Frankfurt?
Meier ✓

4 Hallo, Julian. Wo ist Carla?
Laura ✓

A Hallo, Fabio. Ich komme. Tee, bitte!
Martha ✓

B Super! Viel Spaß in Berlin.
Jan ✓

C In Wien. Möchtest du die Handynummer?
Julian ✓

D Guten Abend. Ja, ich bin jetzt in Frankfurt. Ich komme. Wie heißt das Hotel?
Rau ✓

EXTRAS

8 Zu zweit. Lesen Sie 7 noch einmal und schreiben Sie die Fragen in die Tabelle.

	2		
Wie	geht	's?	
	Bist	du	...?

Sind Sie ...?
Bist du ...?

9 Lesen Sie 7 noch einmal und ergänzen Sie die Grammatik rechts.

ich	....	möchte
du	bist	....
er/sie	ist	möchte

34 10 Zu zweit. Hören und sortieren Sie.

- ◯ ◆ Nein, mein Name ist Rau.
- ◯ ○ Sind Sie Herr Meier?
- ◯ ○ Oh, Entschuldigung!
- ◯ ○ Oh, Entschuldigung!
- ◯ ○ Sind Sie Frau Simon?
- ◯ ◆ Nein, mein Name ist Klein.

35 11 Zu zweit. Hören Sie die Sätze aus 10 noch einmal und wiederholen Sie.

Dann spielen und variieren Sie.

SPRECHEN

36 12 Zu zweit. Hören Sie und ordnen Sie zu.

Auf Wiedersehen | Tschüss | Bis

◆ ...., Frau Klein.
○ Auf Wiedersehen, Herr Meier.

◆ ...., Klara!
○ Tschüss, Anna! .... bald!

13 **Ja, das kann ich ...** Alle im Kurs. Gehen Sie umher und sagen Sie *Auf Wiedersehen.*

◆ Tschüss! ◆ Auf Wiedersehen. ○ Tschüss! ○ Bis bald!

Familie

Lesen, Vokabeln und Grammatik mein Vater, meine Mutter **Hören und Grammatik** Possessivartikel *mein-, dein-*
Sprechen und Schreiben Meine Familie

LESEN, VOKABELN UND GRAMMATIK

1 **Starten wir!** Familien-Cloud. Alle im Kurs. Welche Sprachen erkennen Sie? Was heißt *Familie* in Ihrer Sprache? Ergänzen Sie.

2 **Zu zweit. Lesen Sie und unterstreichen Sie die Familien-Wörter.**

Hi, das bin ich. Ich heiße Maria. Und das ist meine Familie. Meine Mutter, Kerstin, und mein Vater. Er heißt Swen. Und das sind meine Schwester, Karla, und mein Bruder, Tim.

Hallo, ich heiße Liliana. Ich bin 19. Und das ist meine Großmutter, Maria. Wir sind aus Puerto Rico.

Hallo, mein Name ist Feng. Ich wohne in China, in Peking. Und das ist mein Großvater.

3 **Lesen Sie die Sätze.** Ein Satz ist falsch. Kreuzen Sie an.

- ○ **1** Swen ist Marias Vater.
- ○ **2** Feng kommt aus China.
- ○ **3** Maria ist Lilianas Mutter.
- ○ **4** Karlas Bruder heißt Tim.

37 **4** **Lesen Sie 2 noch einmal und ergänzen Sie.** Dann hören und wiederholen Sie.

ich → ♂ *mein Vater,* ……
ich → ♀ *meine Mutter,* ……

HÖREN UND GRAMMATIK

5 **Ordnen Sie zu.**

Eltern · Großeltern · Geschwister

1 …… Vater + Mutter
2 …… Bruder + Schwester
3 …… Großvater + Großmutter

38 **6** **Hören Sie und ergänzen Sie die Familien-App.**

Johanna *meine Großmutter* ⚭ Ernst ……

meine Großeltern

Rosa …… ⚭ Rolf *mein Vater*

……

Antonia *meine Schwester* Clemens …… Paul

meine Geschwister

Lucy
mein Pony

Coco
……

Menschen

7 Pauls Familie. Was sagen Antonia und Clemens? Zu zweit. Spielen Sie.

◆ Ich bin Antonia. Und das sind meine Geschwister. Das ist mein Bruder …

8 Schreiben Sie drei Namen auf eine Karte.
Alle im Kurs raten. Wer ist das?

Maria *Filippo* *Fabiana*

◆ Ist Maria deine Mutter?
○ Ist Filippo dein …

9 Ergänzen Sie die Grammatik rechts.

● mein	dein	Vater	er
● mein	....	Pony	es
● meine	....	Mutter	sie
● meine	....	Eltern	sie

SPRECHEN UND SCHREIBEN

10 Und Ihre Familie? In Gruppen.
Zeichnen Sie eine Familien-App wie in 6 und schreiben Sie.

Mein Vater heißt …
Meine Großeltern …

11 Nehmen Sie Ihr Smartphone und sprechen Sie über Fotos von Ihrer Familie.
Oder arbeiten Sie auf Seite 144.

◆ Ist das …? / Sind das …?
Und wer ist das? / Und wer sind die?

○ Ja. / Nein.
Das ist … / Das sind …

Wer **ist** das?
Wer **sind** die?

12 Lesen Sie und markieren Sie die Verben. Ergänzen Sie die Tabelle.

Meine Familie ist groß. Hier sind meine Eltern, meine Schwester und mein Bruder. Und das sind meine Großeltern. Sie heißen Johanna und Ernst. Sie sind aus Köln, aber sie wohnen in Berlin. Und das ist meine Katze. Sie heißt Coco. Und hier, das ist mein Pony. Es heißt Lucy.

EXTRAS
groß ↔ klein

ich	wohne	heiße	bin
du	wohnst	heißt	bist
er / es / sie	wohnt	....	....
sie / Sie	....	....	....

13 Lesen Sie und markieren Sie die Personen und die Tiere. Ergänzen Sie die Personalpronomen.

Das ist mein Vater. Er heißt Ben.

Das ist mein Pony. Es heißt Jo.

Das ist meine Katze. Sie heißt Bea.

Das sind meine Eltern. Sie heißen Ben und Eva.

● Vater	....
● Pony	....
● Katze	....
● Eltern	....

14 Ja, das kann ich … Machen Sie Interviews mit Ihrer Partnerin / Ihrem Partner.

◆ Wie heißt dein Bruder / deine Schwester? Wo wohnt …? Spricht er / sie Englisch …?

D Freunde

Vokabeln Zahlen 11 bis 100 **Lesen und Grammatik** Possessivartikel *sein-, ihr-* **Sprechen** Das ist Anna. Ihr Freund ...

VOKABELN

1 Starten wir! Alle im Kurs. Diktieren Sie Ihre Telefonnummer und Ihre E-Mail-Adresse.

◆ Meine Telefonnummer ist ...

39 ◀)) **2 Lesen und ergänzen Sie die Zahlen auf Seite 31.**
Dann hören und wiederholen Sie.

3 Zu zweit. Schreiben Sie.

11 *elf*	13	15	17 ......
19	12	14	16 ......
18	20		

40 ◀)) **4 Sehen Sie die Bilder an, hören Sie und schreiben Sie die Zahlen.**

A

52

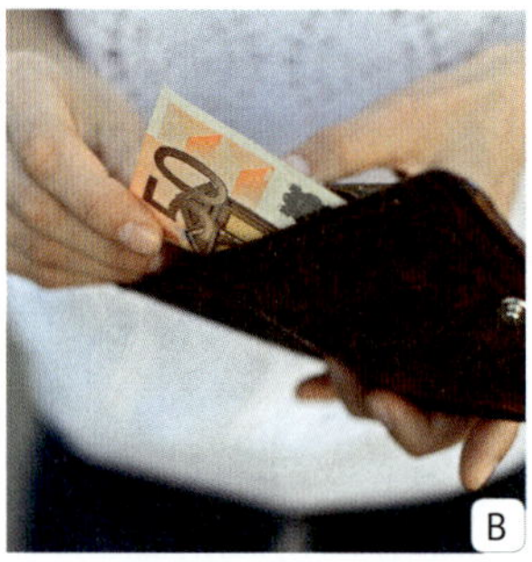
B

......

C

...... , ... , ... ,
...... , ... , ...

D

...... , ...

41 ◀)) **5 Hören und schreiben Sie.**

1 *13, dreizehn* **2** ...... **3** ...... **4** ...... **5** ......

6 Ihr(e) Partner(in) sagt eine Zahl zwischen 10 und 100. Sie schreiben.

7 Zu dritt. Partner(in) A ◆ sagt eine Zahl. B ○ und C ▲ zählen weiter.

◆ fünfundvierzig ○ sechsundvierzig ▲ ...

42 ◀)) **8 Zu zweit. Hören Sie Paul und Emma und ergänzen Sie.**

Wie alt ist ...?

Wie alt ist Martha? ...... Wie alt ist Fabio? ......

43 ◀)) **9 Hören und sortieren Sie.**

◯ ◆ Und deine Schwester? ◯ ○ Siebenundzwanzig.
◯ ◆ Wie alt ist dein Mann? ◯ ○ Einunddreißig.

EXTRAS
- Mann
- Frau

44 ◀)) **10 Zu zweit. Hören und wiederholen Sie Sätze aus 9.** Dann spielen und variieren Sie.

Wie alt ist dein Mann? Und wie alt ist deine Schwester? Und ...

Meine Mutter ist ...
Mein Vater ist ...

11 Schreiben Sie über Ihre Familie. Wie alt ist Ihre Mutter / Ihr Vater ...?

LESEN UND GRAMMATIK

45 **12** Zu zweit. Hören und ergänzen Sie die Wörter unter den Fotos in 13.

13 Lesen Sie und schreiben Sie über Martha und Fabio.

Hobby: … – *wohnt in …* – *Fabio* – *die Familie kommt aus …* – *Job: …*

EINS online

Nur eine Frage: Wer ist dein(e) Freund(in)?

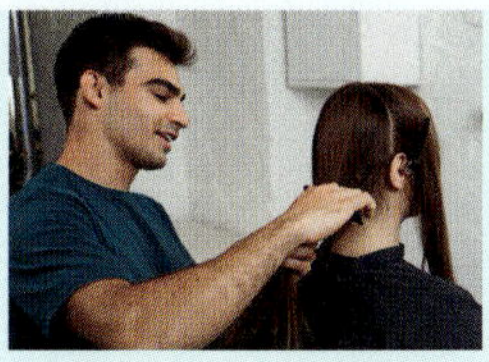

Fr……seur

Hi. Ich bin Martha. Und das ist Fabio, mein Freund. Er ist zweiundzwanzig Jahre alt. Seine Familie kommt aus Italien. Fabio wohnt in Berlin und ist Friseur. Sein Kollege heißt Julian. Und seine Chefin heißt Brigitte. Fabio liebt Musik. Musik ist sein Hobby.

Arch……t……kt……n

Hallo, ich bin Fabio. Das ist Martha, meine Freundin. Sie ist vierundzwanzig. Ihre Familie kommt aus Spanien. Martha wohnt in Wendtshof. Sie ist Architektin. Ihr Chef heißt Franz. Martha macht gerne Sport, sie spielt Fußball und macht Yoga. Yoga ist ihr Hobby. Und sie liebt Musik.

EXTRAS
… ist 22 (Jahre alt).
- Musik
- Job
- Fußball

- Freund
- Freundin

er
- sein Kollege
- sein Hobby
- seine Familie
- seine Hobbys

sie
- ihr Kollege
- ihr Hobby
- ihre Familie
- ihre Hobbys

14 **Lesen Sie 13 noch einmal.** Unterstreichen Sie *er / sein-* und *sie / ihr-*.

46 **15** **Ergänzen Sie.** Dann hören und prüfen Sie.

Fabio

Seine …… Familie kommt aus Italien. …… Kollege heißt Julian. Und …… Chefin heißt Brigitte. Musik ist …… Hobby.

Martha

Ihre …… Familie kommt aus Spanien. …… Chef heißt Franz. Yoga und Fußball sind …… Hobbys.

SPRECHEN

16 **Zu zweit. Schreiben Sie über Ihren Freund / Ihre Freundin.** Sie können den Text in Ihr Dossier legen.

- Mein Freund / Meine Freundin – heißt … – kommt aus … – spricht … – wohnt in … – ist … Jahre alt

TIPP
Dossier = Heft oder Computer-Datei

TIPP
Sprachen und Länder: siehe Seite 154

17 **Alle im Kurs. Lesen Sie Ihre Texte aus 16 vor.** Machen Sie eine Liste.

	Name	Land	Sprachen	Wohnort	Alter
Emil	*Gregor*	*Russland*	*Russisch, Deutsch, Englisch*	…	…

18 **Ja, das kann ich …** Sprechen Sie über eine Person aus Ihrem Kurs.

- Das ist Emil. Sein Freund heißt … und kommt aus … Er spricht …
- Das ist Anna. Ihr Freund …

Grammatik Xpress

mehr Übungen im Arbeitsbuch und online

VERBEN

	wohnen	heißen	sprechen	möchten	sein
ich	wohne	heiße	spreche	möchte	bin
du	wohnst	heißt	sprichst	möchtest	bist
er / es / sie	wohnt	heißt	spricht	! möchte	ist
sie / Sie	wohnen	heißen	sprechen	möchten	sind

ich du er sie sie

1 Meine Freundin. Ergänzen Sie die Verben.

Meine Freundin (1) *heißt* (heißen) Amelie. Sie (2) .... (kommen) aus Frankreich und (3) .... (wohnen) und (4) .... (studieren) in Zürich.
Ihr Vater und ihre Mutter (5) .... (heißen) Jean und Claire. Sie (6) .... (wohnen) in Paris.
Ihre Schwester (7) .... (heißen) Christine. Sie (8) .... (wohnen) und (9) .... (arbeiten) in Marseille.
Amelies Pony (10) .... (heißen) Sara. Es (11) .... (sein) ein Shetlandpony und klein.
Amelies Katze (12) .... (sein) auch klein. Sie (13) .... (heißen) Sue.
Amelie und ihre Schwester (14) .... (machen) gerne Sport. Sie (15) .... (spielen) Fußball und (16) .... (machen) Yoga. Sie (17) .... (lieben) Musik. Musik, Fußball und Yoga (18) .... (sein) ihre Hobbys.

EIN-, KEIN-

ein- = indefiniter Artikel, *kein-* = Negativartikel

● maskulin		● neutral		● feminin	
ein	Mann	ein	Mädchen	eine	Katze
kein	Mann	kein	Mädchen	keine	Katze

Das ist doch kein Mann.
Das ist …

2 Was ist denn das? Schreiben Sie.

1 Was ist denn das?
Ein Mann? ....
....
....

2 Was ist denn das?
Ein Mädchen? ....
....
....

3 Was ist denn das?
Ein Handy? ....
....
....

4 Was ist denn das?
Eine Katze? ....
....
....

Menschen

MEIN-, DEIN-, SEIN-, IHR-

mein-, *dein-*, *sein-* und *ihr-* sind Possessivartikel.

	● maskulin	● neutral	● feminin	● Plural
ich	mein Vater	mein Pony	meine Mutter	meine Eltern
du	dein Vater	dein Pony	deine Mutter	deine Eltern
er	sein Vater	sein Pony	seine Mutter	seine Eltern
sie	ihr Vater	ihr Pony	ihre Mutter	ihre Eltern

ich	mein	–	Vater
	mein	e	Mutter

du	dein	–	Vater
	dein	e	Mutter

3 Ergänzen Sie *ihr(e)*, *sein(e)*.

1

Ihr Name ist Lara.
.... Familie kommt aus Rom.
.... Chefin heißt Sue.
.... Kollegin wohnt in London.
.... Hobby ist Musik.
.... Freundin ist Architektin.

2

.... Name ist Christos.
.... Familie kommt aus Athen.
.... Chefin heißt Brigitte.
.... Kollege wohnt in Wien.
.... Hobby ist Sport.
.... Freund ist Architekt.

W-FRAGEN

4 Ergänzen Sie *wie* und *wer*.

	?	
Was	ist	das?
W........	ist	das?
W........ alt	bist	du?

IN

5 Ergänzen Sie die feminine Form.

●	●
Freund	Freundin
Chef	Chefin
Kollege	! Kollegin

●	●
Friseur	....
Architekt	....

ZAHLEN 11 BIS 100

11	elf
12	zwölf
13	dreizehn
14	vierzehn
15	fünfzehn
16	sechzehn
17	siebzehn
18	achtzehn
19	neunzehn

20	zwanzig
21	einundzwanzig
22	zweiundzwanzig
23	....
24	....
25	....
26	....
27	....
28	....
29	....

30	dreißig
31	einunddreißig
32	zweiunddreißig
33	....
34	....
35	....
36	....
37	....
38	....
39	....

40	vierzig
50	fünfzig
60	sechzig
70	siebzig
80	achtzig
90	neunzig
100	(ein)hundert

Xtra Lesen

Menschen Hurra, ein Baby!

1 Lesen Sie und ergänzen Sie Andis Profil.

EIN STAR UND SEINE FAMILIE

Mercedes-Pilot Andi S.

Andi S. ist der Champion in der Formel 1. Sein Lieblingsauto ist ein Mercedes. Andi kommt aus Hamburg. Er spricht Deutsch, und sein Englisch ist sehr gut. Seine Hobbys sind Musik und Sport: Fußball, Badminton und Workout im Studio.
Andi liebt seine Familie. Seine Mutter heißt Christine und sein Vater Manuel. Sein Papa ist auch sein Manager. Andi hat eine Schwester und zwei Brüder. Und er liebt Anna, seine Frau. Anna und Andi wohnen heute in Monaco. Und sie sind zu dritt. Anna und Andi haben ein Baby.

Name: ....

kommt aus: ....

Sprachen: ....

wohnt in: ....

Job: Formel-1-Pilot

Hobbys: ....

Hurra, ein Baby!

Name: Mia
Geburtsdatum: 12.01.20...
ANNA und Andi

2 Sortieren Sie die Fragen.

- ◯ **1** Woher / Andi? / kommt ....
- ◯ **2** wohnt / Wo / er? ....
- ◯ **3** heißt / Wie / sein Lieblingsauto? ....
- ◯ **4** Was / seine Hobbys? / sind ....
- ◯ **5** Wer / sein Manager? / ist ....
- ◯ **6** heißt / Wie / seine Frau? ....

3 Ordnen Sie die Antworten in 2 zu.

a Musik und Sport. **b** Aus Hamburg. **c** In Monaco. **d** Anna. **e** Sein Papa. **f** Mercedes.

3 Starten wir!

Essen und Trinken

1 Alle im Kurs. Essen und Trinken.
Ordnen Sie zu.
Schreiben Sie mit Artikel.

Essen	& Trinken
die Pizza	*der Kaffee*
...	...
...	...
...	...
...	...
...	...
...	...
...	...
...	

47 🔊 **2 Hören und wiederholen Sie.**

A

Obst und Gemüse

Vokabeln Essen und Trinken **Sprechen** Was heißt …? **Lesen und Grammatik** Plural Nomen

VOKABELN

48 🔊 **1 Hören Sie den Dialog und ergänzen Sie.**

49 🔊 **2 Hören und wiederholen Sie.**

3 Zu zweit. Wer kauft das ein? Ergänzen Sie die Namen.

Clemens
Familienvater

Sara
Studentin

50 🔊 **4 Zu zweit. Ergänzen Sie das Essen in 3.** Dann hören und wiederholen Sie.

● Joghurt ● Fisch ● Fleisch

TIPP
Lernen Sie Wörter mit Bildern.

5 Zu dritt. Ergänzen Sie Wörter für jede Gruppe.

Getränke	Gemüse	Obst	Milchprodukte
der Tee	*die Tomate*	*der Apfel*	*…*

SPRECHEN

51 🔊 **6 Hören Sie, sortieren und schreiben Sie den Dialog ins Heft.**

~~Wie heißt das auf Deutsch?~~ | Und wie schreibt man das? | Das ist eine Zitrone. | Noch einmal, bitte. | Z-I-T-R-O-N-E, Zitrone. | Bitte. | Danke. | Z-I-T-R-O-N-E.

◆ *Wie heißt das auf Deutsch?*
○ *…*

52 🔊 **7 Hören und wiederholen Sie die Sätze aus 6.** Dann spielen Sie und ergänzen Sie.
Partner(in) A ◆ spielt auf Seite 145, Partner(in) B ○ auf Seite 146.

LESEN UND GRAMMATIK

8 **Zu zweit. Lesen Sie.** Welche Überschrift passt? Ergänzen Sie.

Die Guerilla-Köchin von Berlin — Emily, die Deutschlehrerin — Leben in Berlin

www.top10berlin.de

Emily Müller ist 31 und Deutschlehrerin. Und ihr Hobby? Sie kocht sehr gerne. Und sie hat ein Restaurant, das *Thymian*. „Na ja, ein Restaurant ...", sagt Jana, eine Kollegin. „Das Thymian ist kein Restaurant. Nur ein Tisch in Emilys Appartement in Berlin. Aber cool, und das Essen ist super!" Emily kocht für Freunde, für Touristen und Berliner. Das *Thymian* ist ein Guerilla- oder Underground-Restaurant. Das *Thymian* ist klein: acht Gäste kommen und essen bei Emily. Sie finden die Adresse auf Facebook. Emily kocht vegetarisch: Gemüse, Obst, Reis, Eier und Kartoffeln. Das Essen ist sehr, sehr gut. Alle lieben das *Thymian*. Man kommt als Gast und geht als Freund.

Underground-Restaurants gibt es in New York, San Francisco und Berlin. Und auch in Düsseldorf, München, Zürich und Wien!

THYMIAN

EXTRAS

● Deutschlehrerin

● Köchin, kochen

● Leben

9 **Zu zweit. Was ist richtig?** Kreuzen Sie an.

○ **1** Emily kocht sehr gerne.
○ **2** Emily wohnt in Berlin.
○ **3** Emily kocht vegetarisch.
○ **4** Underground-Restaurants haben keine Adresse.
○ **5** Das *Thymian* ist ein Hamburger Grill.
○ **6** In Emilys Restaurant kommen keine Touristen.

10 **Zu zweit. Unterstreichen Sie in 8 die Nomen im Plural.**

53 **11** **Zu zweit. Hören Sie und schreiben Sie die Zahlen und die Formen im Singular und im Plural.**

● ein Restaurant ● ein Tourist ● ein Berliner ● ein Ei
● eine Kartoffel ● ein Freund ● ein Gast

ein Restaurant
zwei Restaurants

12 **Alle im Kurs. Lesen Sie die Übungen 3 bis 5 in Lektion 2B (Seite 24) noch einmal.**
Suchen Sie den Plural der Nomen in der Wortliste im Anhang und ergänzen Sie die Tabelle.

Plural = ● die					
-(e)n	¨	–	-s	-e / ¨e	-er / ¨er
● *Tomaten*	● *Äpfel*	● *Computer*	● *Taxis*	● *Städte*	● *Eier*

TIPP
Lernen Sie immer Singular und Plural.

13 **Ja, das kann ich ...** Partner(in) A ◆ spielt auf Seite 145, Partner(in) B ○ auf Seite 146.
Was sehen Sie auf Ihrer Webseite? Sprechen Sie.

Tiere essen?

Vokabeln und Grammatik Mengen, Nullartikel, Verben **Lesen, Vokabeln und Grammatik** *nie, manchmal ...*, Verben
Vokabeln und Hören Farben

VOKABELN UND GRAMMATIK

1 **Starten wir!** In Gruppen. Machen Sie ein Kettenspiel.

◆ Ich möchte Tomaten. ○ Ich möchte Tomaten, Eier und ...

54 **2** **Zu zweit. Hören und ergänzen Sie.** Was kauft Fabio ein?

zwei | eine | hundert | ein | sechs | ein

.... Kilo Tomaten .... Eier
.... Kilo Möhren .... Flasche Orangensaft
.... Liter Milch .... Gramm Käse

54 **3** **Zu zweit. Hören Sie 2 noch einmal.** Ergänzen Sie die Grammatik.

ich	....
du	isst
er / es / sie	isst
sie / Sie	essen

kein Artikel!	
Ich esse gerne	~~der~~ (!) Käse.
	~~das~~ (!) Brot.
Isst du gerne	~~der~~ (!) Fisch?

55 **4** **Hören und spielen Sie.** Partner(in) A ◆ zeigt auf ein Bild auf Seite 149, Partner(in) B ○ antwortet.

5 **Und Sie? Was essen und trinken Sie gerne?** Schreiben Sie für den Blog.

www.blogs.fat.com

Du bist, was du isst.
Ich esse gerne Käse.
Ich trinke gerne Tee.
...

6 **Lesen Sie den Blogtext Ihres Partners und berichten Sie.**

◆ Nina isst gerne ...

LESEN, VOKABELN UND GRAMMATIK

56 **7** **Zu zweit. Wer sagt was?** Lesen und hören Sie. Dann ordnen Sie zu.

Tiere essen?

Esst ihr Fleisch?

Seid ihr Vegetarier?

1

2

3

4

a Ich esse nie Fleisch. Ich bin Vegetarierin und liebe Tiere. Mein Vater isst Fleisch, meine Mutter manchmal auch. Und wir essen alle gerne Gemüse und Obst.
b Fleisch ist gut und gesund. Ja, wir essen oft und gerne Fleisch.
c Also, wir essen manchmal Fleisch. Aber montags nie!
d Ich mache viel Sport und ich brauche Fleisch. Ja, wir essen immer Fleisch.

Essen und Trinken

8 **Zu zweit. Lesen Sie den Text noch einmal.** Unterstreichen Sie die Verben *essen* und *sein* und ergänzen Sie die Tabelle.

ich	du	er / es / sie	wir	ihr	sie / Sie
	isst				essen
	bist		sind		sind

9 **Suchen Sie *nie, manchmal* … in 7 und markieren Sie.** Dann ergänzen Sie die Grafik rechts. Gehen Sie im Kursraum umher und fragen und antworten Sie.

oft ~~manchmal~~ nie immer

0 % ——— 100 %

…… manchmal …… ……

◆ Isst du gerne …?
○ Ja, ich esse oft …
▲ Nein, ich esse nie …

Ich esse nie / manchmal / oft / immer	Gemüse.
	Fleisch.

57 **10** **Zu zweit. Was braucht man für Salat und Lasagne?** Hören Sie und ordnen Sie zu.

Öl Möhren ~~Tomaten~~ ~~Öl~~ Milch ~~Käse~~ ~~Tomaten~~ Paprika

Salat: Tomaten

Lasagne vegetarisch: Käse, Öl, Tomaten

11 **Zu zweit. Paul ist im Supermarkt und hat alles vergessen.** Lesen Sie die WhatsApp, markieren Sie die Verben und ergänzen Sie die Grammatik rechts.

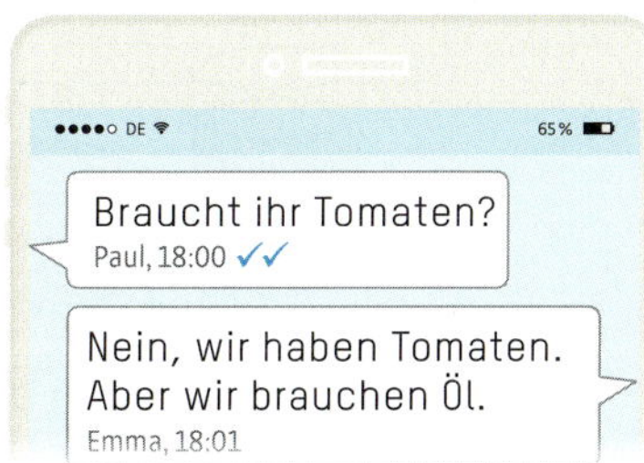

wir brauch……
wir hab……
brauch…… ihr?

12 **Zu zweit. Spielen Sie den Dialog in 11 und variieren Sie.**

VOKABELN UND HÖREN

58 **13** **Hören und ergänzen Sie.** Hören Sie noch einmal und wiederholen Sie.

r _ t   _ range   l _ l _   g _ lb   br _ _ n

bl _ _   gr _ n   schw _ rz   w _ _ ß

EXTRAS
● Farbe

59 **14** **Zu dritt. Hören Sie das Interview auf *digital TV*.** Was ist das Thema? Kreuzen Sie an.

○ Farben und Essen. ○ Wir kochen. ○ Fleisch ist gesund.

59 **15** **Hören Sie noch einmal.** Was ist richtig? Kreuzen Sie an: a, b oder c.

1 Julia ist **a** Managerin. **b** Köchin. **c** Studentin.
2 Julia hat ein Restaurant in **a** Hamburg. **b** Berlin. **c** Wien.
3 Julia isst gerne **a** Fleisch. **b** Fisch. **c** Salat.

16 **Ja, das kann ich …** Alle im Kurs. Schreiben Sie Ihre Lieblingsfarbe an die Tafel. Ergänzen Sie Lebensmittel und sprechen Sie.

◆ Meine Lieblingsfarbe ist rot. Tomaten sind …

rot — Tomaten

Toast-Show!

Vokabeln und Grammatik Frühstück, Verben im Satz **Hören** Frühstücken **Sprechen und Schreiben** Lieblings-Frühstück

VOKABELN UND GRAMMATIK

1 **Starten wir!** Alle im Kurs. Welche Frühstücks-Wörter kennen Sie? Ergänzen Sie.

F R Ü H S T Ü C K
(senkrecht: M Ü S L I)

60 **2** **Zu zweit. Hören Sie, ergänzen Sie die Frühstücks-Wörter und ordnen Sie zu.** Dann hören Sie noch einmal und wiederholen Sie.

1 (B) ● *das* Br*ö*tch*e*n
2 ○ ● ...... Croissant
3 ○ ● ...... Toast
4 ○ ● ...... M...sl...
5 ○ ● ...... M...rm...l...d...
6 ○ ● ...... H...nig
7 ○ ● ....
8 ○ ● ...... K...ff... ......
9 ○ ● ....
10 ○ ● ....r...ng...ns...ft
11 ○ ● ...... B...tt...r
12 ○ ● ...... W...rst
13 ○ ● ...... Sch...nk...n
14 ○ ● ...... K...s...

3 **Zu zweit. Decken Sie das Bild in 2 ab und sprechen Sie.** Nennen Sie …

→ zwei Milchprodukte. → drei Getränke. → drei andere Frühstücks-Wörter.

EXTRAS
Brot **mit** Marmelade
= Brot + Marmelade

4 **Zu zweit. Wer frühstückt was?** Lesen Sie die Posts und ordnen Sie die Bilder zu.

www.meinfruehstueck.de

○ **Anna** **11. November, 14:39**
Ich trinke gerne Tee. Manchmal esse ich auch ein Croissant.

○ **Sophia** **18. Januar, 23:12**
Ich trinke immer Kaffee. Und ich esse ein Brötchen mit Butter und Marmelade.

○ **Max** **26. Juni, 08:44**
Ich esse manchmal ein Müsli mit Milch, Honig und Obst. Oft trinke ich nur Orangensaft.

5 **Lesen Sie den Text noch einmal und unterstreichen Sie *manchmal, oft, immer, gerne*.** Dann ergänzen Sie die Tabelle.

	2		
Ich	*trinke*	*gerne*	*Tee.*
Manchmal	*esse*	*ich*	*auch ein Croissant.*

Wir essen oft Eier.
Oft essen wir Eier.

HÖREN

61 🔊 **6** **Zu zweit. Hören Sie Daniel, Emilia und Lorenz in der Toast-Show.**
Was frühstücken sie heute? Ordnen Sie zu.

1 Daniel aus Deutschland
2 Emilia aus der Schweiz
3 Lorenz aus Österreich

a Müsli mit Milch und Obst.
b Kaffee, Brot, Brötchen, Eier, Wurst, Schinken und Käse.
c Tee, Toast, Butter und Marmelade.

7 **Und was frühstücken Sie zu Hause?** Wählen Sie ein Smiley (☺/☹) und ergänzen Sie.

1 ☺ ☹ Wir trinken gerne Tee und essen Toast.
2 ☺ ☹ Wir essen manchmal Eier mit Schinken.
3 ☺ ☹ Wir essen gerne Croissants.
4 ☺ ☹ Wir essen oft Fisch mit Reis.
5 ☺ ☹ Wir trinken oft nur Kaffee.
6 ☺ ☹ *Wir essen / trinken gerne ...*

8 **Schreiben Sie die Sätze aus 7.**
Beginnen Sie mit *gerne* ...

Gerne trinken wir ...

SPRECHEN UND SCHREIBEN

9 **Schreiben Sie für den Blog *Das schmeckt mir!***

62 🔊 **10** **Zu zweit. Hören und ergänzen Sie.**

Mit | oder | Und | mit

◆ Ich trinke oft Kaffee zum Frühstück. .... du?
○ Tee. .... Milch .... Zitrone.
◆ Und was isst du?
○ Toast .... Marmelade. Hm, das schmeckt mir!

EXTRAS
zum Frühstück
Hm, das schmeckt mir!

11 **Zu zweit. Schreiben Sie einen Dialog wie in 10.**
Dann schließen Sie Hefte und Bücher und spielen Sie.

12 **Ja, das kann ich ...** Alle im Kurs. Machen Sie eine Umfrage.

◆ Was esst / trinkt ihr zum Frühstück? — Was isst / trinkst du ...
○ Wir essen / trinken oft / gerne ... — Ich esse / trinke oft / gerne ...
Oft / Gerne ... essen / trinken wir (auch) ... — Oft / Gerne ... esse / trinke ich (auch) ...

	David	Feng	...	Mein Lieblings-Frühstück
Toast	x			
Tee				
...				

13 **Dann sprechen Sie über drei Personen.**

◆ David isst / trinkt ...

ich	esse
du	isst
er / es / sie	isst
wir	essen
ihr	esst
sie / Sie	essen
! Was esst ihr?	Was isst du?

D Farben essen

Vokabeln Geld und Mengen **Hören und Grammatik** Imperativ (du) **Lesen, Grammatik und Schreiben** Imperativ (Sie)

VOKABELN

63 **1** **Starten wir!** Hören Sie die Preise und wiederholen Sie.

4,50 € | 10,99 € | 0,99 € | 75 € | 3,50 €

2 **Zu zweit. Partner(in) A ◆ sagt vier Preise. Partner(in) B ○ schreibt.**
Dann sagt Partner(in) B ○ vier Preise und Partner(in) A ◆ schreibt.

64 **3** **Auf dem Markt.** Hören und ergänzen Sie *Was* oder *Wie viel*.

1 .... kosten die Hähnchen?
2 Und .... kosten die Eier?
3 .... kosten denn die Kartoffeln?
4 .... kostet denn der Wein?

EXTRAS
Mengen und Geld: siehe Seite 43

4 **Zu zweit. Lesen Sie die Apps in 5, variieren und sprechen Sie.**

◆ Was / Wie viel kostet der Käse? ○ Zwei Euro neunzehn.

Was ...? = Wie viel ...?
Was kostet der Schinken?
Der Schinken kostet ...
Was kosten die Tomaten?
Die Tomaten kosten ...

5 **Teuer oder billig? Alle im Kurs.** Sprechen Sie.

◆ Bier, neunundachtzig Cent! Das ist billig ☺!
○ Milch, ... Das ist teuer ☹!

Käse
2,19 € 100g ☺

Milch
0,99 € 1 Liter ☹

Tomaten
3,50 € 1 Kilo ☹

Kartoffeln
1,99 € 1 Kilo ☺

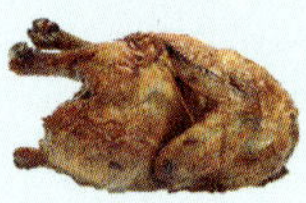
Hähnchen
6,99 € ☺
1 Stück

Eier
1,80 € ☺
6 Stück

Bier
0,89 € ☺
1 Flasche

Wein
5,49 € ☹
1 Flasche

HÖREN UND GRAMMATIK

65 **6** **Hören Sie die Werbung im Digitalradio jazz*fm*, lesen Sie die Webseite und ergänzen Sie.**

Hör | kauf | Komm | hör

www.basic.de

.... und .... hier! Bei basic24!
Super Preise! Super Angebot!
.... digital, ... jazz*fm*, Partner von basic.

EXTRAS
teuer ↔ billig
☹ ☺

Kauf ...!
Komm ...!
Hör ...!

7 **Zu zweit. Lesen und sortieren Sie.**

◯ ◆ Tomaten? Wie viel?
◯ ○ Du, Emily! Gehst du einkaufen? Wir brauchen Tomaten.
◯ ○ Kauf ein Kilo, bitte!

66 🔊 **8** **Zu zweit. Hören und wiederholen Sie die Sätze aus 7.**
Dann schreiben Sie zwei Dialoge, variieren und spielen Sie.

LESEN, GRAMMATIK UND SCHREIBEN

9 **Zu zweit. Die Farben des Regenbogens.** Schreiben Sie.

rot ....

67 🔊 **10** **Jan Fröhlich ist Fitness-Trainer im *Sports & Health* in Wien.** Lesen Sie das Interview auf der Webseite und ergänzen Sie. Dann hören und prüfen Sie.

machen Sie | trinken Sie | essen Sie | Kochen Sie | Sagen Sie

www.sportsandhealth.de

DER REGENBOGEN
FARBEN ESSEN

Hallo, Herr Fröhlich. Wie geht's?
Gut! Sehr gut! Immer fit!

(1) ...., Herr Fröhlich. Was ist Ihr Tipp?
Ja, mein Tipp ist Sport machen, gesund essen und der Regenbogen.

Wie bitte?
Der Regenbogen, die Farben: Rot, Orange, Gelb, Grün und Blau.

Okay ...?
Ja, (2) .... viel Obst, Bananen, Orangen, Äpfel ... alle Farben.

Ah ...
Und (3) .... Salate! Und Gemüse! (4) ....
Gemüse, Brokkoli und Möhren! „Farben essen." Das ist mein Tipp!

Toll! Und Fleisch?
Wenig! Wenig Butter und keine Pommes! Und (5) .... viel, Wasser, Tee und Säfte ...

11 **Tipps von Jan Fröhlich.** Schreiben Sie.

wenig Butter | viel Sport | Milch | Joghurt und Käse | viel Obst | wenig Fleisch

Essen Sie wenig Butter!

EXTRAS
wenig ↔ viel

formell	informell
Essen Sie ...!	Iss ...!
Machen Sie ...!	Mach ...!

12 **In Gruppen. Werfen Sie den Ball und geben Sie Tipps.**

◆ Iss wenig Butter! → Sport.
○ Mach viel Sport! → Milch.
▲ Trink ...!

13 **Mein Lieblingsessen.** Alle im Kurs. Machen Sie eine Umfrage.

◆ Was ist dein Lieblingsessen?
○ Pizza.

14 **Ja, das kann ich ...** Schreiben Sie die Einkaufsliste für ein Lieblingsessen.

Grammatik Xpress

mehr Übungen im Arbeitsbuch und online

VERBEN

	brauchen*	kosten	essen	sein	haben
ich	brauche		esse	bin	
du	brauchst		isst	bist	
er / es / sie	braucht	kostet	isst	ist	hat
wir	brauchen		essen	sind	haben
ihr	braucht		esst	seid	
sie / Sie	brauchen	kosten	essen	sind	haben

*So auch: trinken

1 ***essen*** **und** ***trinken*****.** Ergänzen Sie in der richtigen Form.

1 Was .... (essen) du denn gerne?
2 Ich .... (essen) gerne Spaghetti. Und ihr? Was .... (essen) ihr gerne?
3 Gemüse. Und manchmal .... (essen) wir auch Fleisch.
4 .... (trinken) ihr oft Wein?
5 Nein, aber wir .... (trinken) gerne mal ein Bier.

IMPERATIV

(du)	Kaufst ~~du?~~	→	Kauf bitte!	*(Sie)*	Kaufen Sie?	→	Kaufen Sie bitte!
	Isst ~~du?~~	→	Iss bitte!		Essen Sie?	→	Essen Sie bitte!

2 **Schreiben Sie Tipps in der du-Form.**

1 Wir brauchen Tomaten. Dann ....! (ein Kilo kaufen)
2 Ich möchte gesund essen. Dann ....! (Gemüse essen)
3 Jazz ist super. Dann ....! (*jazzfm* hören)

NOMEN: PLURAL / NULLARTIKEL

	Singular	Plural
-(e)n	● Tomate	● die Tomaten
	● Frau	● Frauen
¨	● Apfel	● die Äpfel
–	● Brötchen	● die Brötchen
-s	● Taxi	● die Taxis
-e / ¨e	● Hund	● Hunde
	● Stadt	● die Städte
-er / ¨er	● Ei	● die Eier
	● Mann	● Männer

Ich esse gerne	~~der~~ (!) Käse.
Ich möchte	~~das~~ (!) Brot.
Er trinkt gerne	~~das~~ (!) Bier.

3 **Schreiben Sie die Zahlen und die Nomen im Plural ins Heft.**

● Orange – 3
drei Orangen

● Apfel – 5 ● Gast – 12 ● Restaurant – 2 ● Mann – 18
● Salat – 2 ● Tourist – 25 ● Stadt – 15 ● Auto – 4

Essen und Trinken

SATZ

	2		
Ich	trinke	oft	Kaffee zum Frühstück.
Oft	trinke	*ich*	

4 Schreiben Sie den Blog neu und beginnen Sie mit den markierten Wörtern.

www.fruehstuecks-blog.de

Hallo und willkommen. Wir, das sind Jana und ich, lieben Frühstück. Wir trinken gerne Tee zum Frühstück. Jana trinkt manchmal auch Orangensaft oder Milch. Ich esse oft ein Müsli mit Obst. Mit Orangen und Äpfeln. Jana isst manchmal Wurst und Schinken. Ich nie!

Gerne …

FRAGEN

	2			Antwort
	Braucht	ihr	Tomaten?	Ja. / Nein.
	Möchten	Sie		

Was / Wie viel	kostet	der Schinken?	Drei Euro fünfzig.
Was / Wie viel	kosten	die Tomaten?	Zwei Euro neunundneunzig.

5 Ordnen Sie zu.

Trinken Sie manchmal Wein? | Wie geht's? | Das ist eine Zitrone. | Hörst du oft jazz*fm*? | Wie heißt das auf Deutsch? | Sara geht einkaufen. | Isst du gerne Fisch? | Wie viel kostet der Schinken? | Was trinkst du denn gerne?

Ja- / Nein-Fragen	W-Fragen	Aussagen
Trinken Sie …	*Wie …*	*Das ist …*

MENGEN UND GELD

68 **6** **Was hören Sie?** Kreuzen Sie an.

Mengen	Geld
g = Gramm	0,10 € = zehn Cent
kg = Kilo(gramm)	0,25 € = fünfundzwanzig Cent
l = Liter	1,00 € = ein Euro
	1,10 € = ein Euro zehn
1 Stück = eins	2,50 € = zwei Euro fünfzig

1
- ○ sechs Eier 1,79 €
- ○ sechs Eier 1,99 €
- ○ sechs Eier 1,89 €

2
- ○ 100 g Schinken 2,99 €
- ○ 100 g Schinken 2,49 €
- ○ 100 g Schinken 3,99 €

3
- ○ 1 Kilo Äpfel 1,49 €
- ○ 1 Kilo Äpfel 0,99 €
- ○ 1 Kilo Äpfel 1,99 €

4
- ○ 1 Liter Milch 1,29 €
- ○ 1 Liter Milch 0,89 €
- ○ 1 Liter Milch 1,19 €

Xtra Lesen

Essen und Trinken Frühstück international

1 **Lesen Sie die Webseite und ergänzen Sie die Länder.**

Griechenland | Hawaii | England | China | Mexiko | Türkei | USA

www.eltern.net

Frühstück International

So frühstückt die Welt

Typisch ist Porridge, mit Wasser oder Milch. Oder aber Toast mit Orangenmarmelade und Tee. Die meisten hier trinken Tee mit Milch. Am Wochenende gibt es manchmal auch ein traditionelles Frühstück: Würstchen, Eier, Speck, Tomaten und Bohnen. Puuh. Das ist sehr viel!

1

……………………

Bei uns essen die Leute gerne Suppe, auch zum Frühstück. Wir essen Suppe mit Reis, Nudeln und Gemüse. Oder wir trinken einfach nur Tee.

2

……………………

Wir essen Eier mit Chilis, Bohnen und Tortillas. Oder Tortillas mit Tomaten, Chili, Knoblauch, Zwiebeln und Fleisch oder Fisch. Scharf und wie ein Mittag- oder Abendessen in Europa!

3

……………………

Wie in vielen anderen mediterranen Ländern frühstücken wir wenig. Die meisten trinken nur Kaffee. Es gibt Mokka (sehr, sehr stark!), Nescafé oder Frappé. Frappé ist kalter Nescafé mit Eis und Zucker. Hier ist es oft heiß und dann schmeckt das wirklich super!

4

……………………

Frühstück ist bei uns wichtig. Wir lieben Pancakes, French Toast mit Maple Sirup oder Muffins. Wir trinken Orangensaft, Milch oder Kaffee.

5

……………………

Wir trinken Kaffee und essen viele Früchte wie Mango, Guave, Papaya oder Ananas. Und wir essen Brot oder Reis mit Eiern und Würstchen.

6

……………………

Typisch hier sind Weißbrot, Oliven, Tomaten, Gurken und Schafskäse. Auch Joghurt, Obst, Eier und Wurst. Und wir trinken Tee oder Kaffee.

7

……………………

2 **Was ist richtig?** Kreuzen Sie an.

- ○ **1** In China essen die Leute nie Suppe zum Frühstück.
- ○ **2** Die Engländer trinken zum Frühstück gerne Tee und essen Toast mit Orangenmarmelade.
- ○ **3** In den USA essen die Leute auch Fleisch oder Fisch zum Frühstück.
- ○ **4** In Griechenland frühstücken die Leute viel.

3 **Und Ihr Lieblingsland?** Wie ist das Frühstück da? Schreiben Sie.

Mein Lieblingsland ist Frankreich. Typisch sind …

4 Starten wir!

Mein Leben

69 🔊 **1** **Zu zweit. Hören Sie, lesen Sie und ordnen Sie WhatsApp-Status und Fotos zu.**

a Hey da! Ich lerne.
b Tschüss. Ich schlafe. Bis morgen!
c Hey, ich arbeite als Koch.
d Happy ☺ Ich arbeite nicht.
e Hurra! Ich habe einen Job!
f Ich brauche eine Pause.

69 🔊 **2** **Was machen Sara und Aylin?** Hören Sie noch einmal und kreuzen Sie an.

1 Sara ist ... ○ Polizistin. ○ Managerin. ○ Friseurin. ○ Köchin.
2 Aylin ist ... ○ Polizistin. ○ Managerin. ○ Friseurin. ○ Köchin.

A Ich bin …

Vokabeln, Grammatik und Lesen Berufe **Vokabeln und Sprechen** Uhrzeiten **Sprechen** Rollenspiel: Was bist …?

VOKABELN, GRAMMATIK UND LESEN

70 **1 Und was machen Paul, Martha, Emma und Fabio?**
Hören Sie noch einmal und schreiben Sie.

Paul ist Koch. …

TIPP
Schreiben Sie Ihren WhatsApp-Status auf Deutsch.

71 **2 Die Personen kennen Sie! Zu zweit.** Hören Sie und ordnen Sie Dialoge und Fotos zu.

- ◯ Dialog **1**
- ◯ Dialog **2**
- ◯ Dialog **3**
- ◯ Dialog **4**

A Paul? 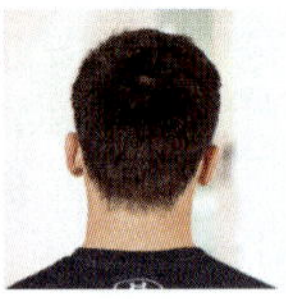
B Emma? 
C Fabio? 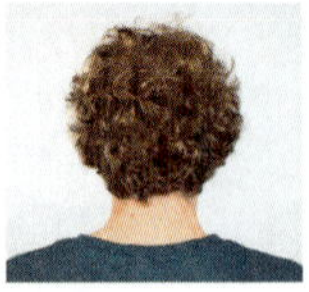
D Martha? 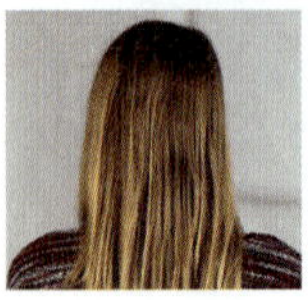

72 **3 Zu zweit. Hören und wiederholen Sie die Sätze aus 2.** Dann zeigen Sie auf die Fotos und sprechen Sie.

Das ist Paul.
Das ist doch nicht Paul.

73 **4 Zu zweit. Lesen Sie die Fragen und Antworten.** Hören Sie dann das Interview. Welche Antworten passen zu den Fragen? Eine bleibt übrig.

a Was bist du von Beruf? **b** Was machst du so?
◯ Ich esse gerne Pizza. ◯ Ich bin IT-Ingenieur. ◯ Ich arbeite als Koch.

EXTRAS
der Beruf = der Job
das Kind die Kinder
die Firma = Sony ist eine Firma

5 Lesen Sie den Text und die Aussagen. Richtig (r) oder falsch (f)?

www.neon-online.de

Nur eine Frage: Was machst du so?

Hi, ich heiße Paul. Und ich bin IT-Ingenieur von Beruf. Aber ich arbeite nicht als Ingenieur. Mein Hobby ist mein Beruf! Ich arbeite als Koch und koche für Kindergärten: Bio-Essen für 400 Kinder. Ich bin selbstständig. Meine Firma heißt Bio Bambini und ist ein Start-up. Wir sind hier in Berlin. Die Kinder finden mein Essen super! Na ja, die Kinder hier in Deutschland essen ja oft nicht gut. Leider! Sie kennen oft nur Fast Food. Pommes, Pizza, Hamburger und so. Und gesund essen ist so wichtig!

- ◯ **1** Pauls Hobby ist Sport.
- ◯ **2** Er kocht für Firmen.
- ◯ **3** Pauls Firma heißt Bio Bambini.
- ◯ **4** Seine Firma ist in Berlin.
- ◯ **5** Die Kinder in Deutschland essen gesund.

6 Zu zweit. Lesen Sie die Aussagen in 5 noch einmal und schreiben Sie Fragen.
Dann fragen und antworten Sie.

Ist Pauls Hobby Sport?

◆ Ist Pauls Hobby Sport?
○ Nein, Pauls Hobby ist nicht Sport. Sein Hobby ist sein Beruf.

Er arbeitet.
Er arbeitet nicht.
Ich arbeite als Koch.
Ich koche für Firmen.

7 Zu zweit. Ergänzen Sie.

♂	♀	♂	♀
der Polizist	die *Polizistin*	der Student	______
der Friseur	______	der Koch	die *Köchin*
______	die IT-Ingenieurin	der Manager	______
der Taxifahrer	______	______	______

EXTRAS
der Rentner / die Rentnerin
Ich bin 65 und Rentner.

Ich bin arbeitslos. = Ich habe keine Arbeit.

Mein Leben

VOKABELN UND SPRECHEN

74 **8** **Zu zweit. Hören Sie die offiziellen Uhrzeiten und ergänzen Sie.**

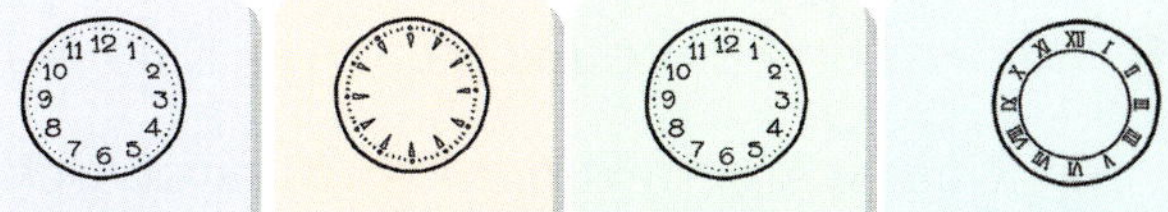

BERLIN	BAGDAD	BANGKOK	WASHINGTON D.C.
14:15 heute	……… heute	……… heute	……… heute

74 **9** **Hören und wiederholen Sie.**

10 **Zeigen Sie auf eine Stadt und sprechen Sie.**

- ◆ Berlin. Es ist vierzehn Uhr fünfzehn.
- ○ Bagdad. Es ist …

TIPP
Eine komplette Uhr finden Sie auf Seite 153.

75 **11** **Zu zweit. Hören Sie die Dialoge und ordnen Sie die Uhrzeit zu.**

- ○ **1** Dialog 1: Termin mit Herrn Rau
- ○ **2** Dialog 2: Party
- ○ **3** Dialog 3: Yoga

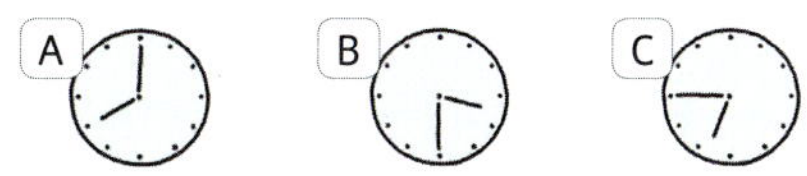

EXTRAS
06:45
Viertel vor sieben = Uhrzeit **inoffiziell**
sechs Uhr fünfundvierzig = Uhrzeit **offiziell**

76 **12** **Zu zweit. Hören und sortieren Sie.**

○ So spät! ○ Wie spät ist es, bitte? ○ Zehn Uhr.

Es ist … | Wie spät ist es?

13 **Zu zweit. Lesen Sie den Dialog in 12.**

77 **14** **Hören und ergänzen Sie *vor* und *nach*.**

15 **Zu zweit. Zeichnen Sie Uhren und spielen Sie.**

Partner(in) A ◆ zeichnet und fragt: Wie spät …?
Partner(in) B ○ antwortet: Es ist …

10:00 zehn Uhr	09:45 Viertel ……… zehn
15:20 zwanzig ……… drei	20:25 fünf ……… halb neun
05:35 fünf ……… halb sechs	06:30 halb sieben

78 **16** **Hören und wiederholen Sie die Sätze aus 11.** Dann spielen Sie. Partner(in) A ◆ spielt auf Seite 147, Partner(in) B ○ auf Seite 148.

- ◆ Wann ist die Party? ○ Um acht.
- ◆ Und wann kommt er? ○ Um Viertel nach sieben.

Wann? | Um … (Uhr).

SPRECHEN

17 **Alle im Kurs. Schreiben Sie Ihren Beruf auf eine Karte und machen Sie ein Plakat.**

Taxifahrerin · Rentner · Architektin · Student · Friseur · Köchin

18 **Ja, das kann ich …** Alle im Kurs. Rollenspiel. Schreiben Sie Fragen und Antworten. Dann machen Sie ein Interview mit Ihrer Partnerin / Ihrem Partner.

Wohnort: Wo …? Alter: Wie …? Leben: Wann frühstückst du?
Land: Woher …? Beruf: Was bist du …?

B

Ich brauche …

Vokabeln, Grammatik und Sprechen Dinge für den Job, Zahlen **Hören, Lesen und Grammatik** Akkusativ, indefiniter Artikel **Schreiben** Visitenkarten

VOKABELN, GRAMMATIK UND SPRECHEN

1 **Starten wir!** Berufe und Namen im Kurs. Machen Sie ein Kettenspiel.

◆ Nina ist Architektin. → ○ Nina ist Architektin, und Feng ist Friseur. →
▲ Nina ist Architektin, Feng ist Friseur, und …

79 🔊 **2** **Fabios Dinge. Zu zweit.** Hören Sie, ordnen Sie zu und ergänzen Sie.

◯ **1** Das ist ein / eine .... (Schree).
◯ **2** Das ist ein / eine .... (Kmam).
◯ **3** Das ist ein / eine .... (Bürest).

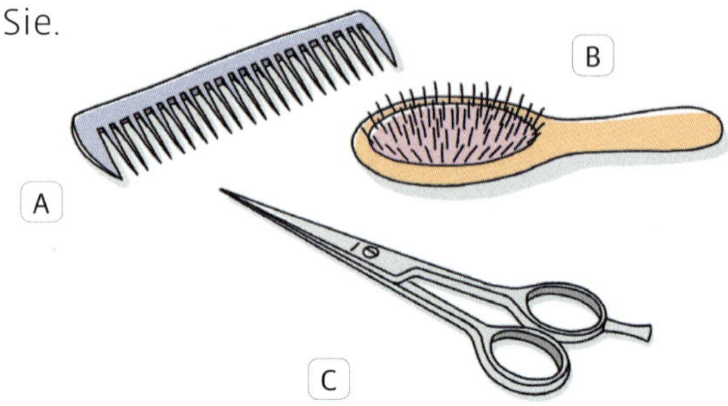

79 🔊 **3** **Hören Sie noch einmal und ordnen Sie zu.**

1 Entschuldige,	**a** auf Deutsch?
2 Ein bisschen	**b** wie heißt das auf Deutsch?
3 Wie sagt man	**c** langsamer, bitte.

man = ich, du … alle

80 🔊 **4** **Ordnen Sie und schreiben Sie den Dialog ins Heft.** Dann hören Sie und lesen Sie.

Du, auf Englisch sagt man „brush". Und auf Deutsch? | Bitte. | B-Ü-R-S-T-E, Bürste. | Bürste. | Bürste? Und wie schreibt man das? | Ah, Bürste. Okay, danke.

81 🔊 **5** **Zu zweit. Ordnen Sie zu.** Dann hören Sie und prüfen Sie.

◯ ● Büro | ◯ ● Laptop | *5* ● Drucker | ◯ ● USB-Stick | ◯ ● Küche | ◯ ● Herd | ◯ ● Topf | ◯ ● Visitenkarte | ◯ ● Maus

82 🔊 **6** **Hören Sie die Dialoge und ergänzen Sie die Wörter aus 5.**

1 *Büro*: Es ist wirklich cool!
2 ....: Er kostet nur 49 Euro.
3 ....: Sie ist richtig cool!
4 ....: Hier ist er doch!
5 ....: Na, wo ist sie denn?
6 ....: Ja, hier ist sie.

7 **Unterstreichen Sie in 6 die Nomen in blau (der), grün (das), rot (die) und ergänzen Sie die Grammatik.**

● Laptop	*er*
● Büro	....
● Küche	....

Mein Leben

8 **Lesen und schreiben Sie den Dialog.** Zu zweit. Spielen und variieren Sie mit den Wörtern und Zahlen.

◆ Sch4u m4l, d13 J4ck3. S13 kost3t nur 34 3uro.
Schau mal, die ……………
○ D4s 1st n1cht t3u3r.
……………

TIPP
Die Zahlen finden Sie auf Seite 52.

● Smartphone, 175 Euro ● Laptop, 399 Euro ● Jeans, 39 Euro ● Jacke, 245 Euro ● Auto, 4.000 Euro

83 **9** **Zu zweit. Hören Sie und wiederholen Sie die Sätze aus 2.** Dann notieren Sie drei Dinge und spielen Sie.

◆ Entschuldige, wie heißt das auf Deutsch?
○ Das ist eine Schere.
◆ Ein bisschen langsamer, bitte.
○ Schere.
◆ Danke.
○ Bitte.

der Topf
der Drucker
die Küche

HÖREN, LESEN UND GRAMMATIK

84 **10** **Zu zweit. Hören Sie den Podcast von Radio digital*fm*.**
Wie heißt die Show? Kreuzen Sie an.

○ Musik total ○ Die Morning Show ○ Die Toast Show

84 **11** **Hören Sie noch einmal.** Wer sagt was? Ordnen Sie zu.

1 Sara
2 Emma
3 Paul
4 Fabio

a Ich habe einen Laptop und einen USB-Stick.
b Ich habe eine Küche, einen Herd und Töpfe.
c Ich habe ein Büro, ein Smartphone, einen Laptop, einen Drucker und Visitenkarten.
d Ich brauche nicht viel, nur eine Schere, einen Kamm und eine Bürste.

12 **Lesen Sie die Sätze in 11 und unterstreichen Sie Artikel und Nomen.** Dann ordnen Sie zu.

	● maskulin	● neutral	● feminin	● Plural
Ich brauche / habe …	einen Laptop			

13 **Was haben/brauchen Sie für Ihre Arbeit?** Schreiben Sie drei Dinge auf eine Karte. Mischen Sie alle Karten auf einem Tisch. Nehmen Sie eine Karte. Gehen Sie umher und fragen Sie. Wem gehört die Karte?

ein Auto
eine Zange
einen Schraubenzieher

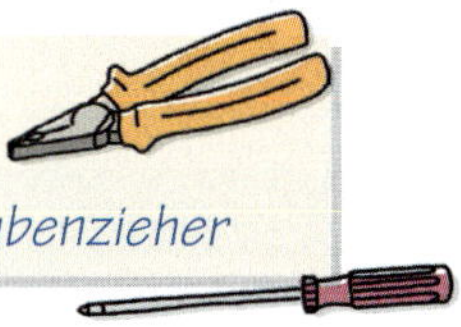

◆ Hast du / Brauchst du …? ○ Ja. / Nein. ◆ Ist das deine Karte? ○ Ja, das ist meine Karte.

SCHREIBEN

85 **14** **Hören Sie und ergänzen Sie Pauls Visitenkarte.**

15 **Ja, das kann ich …** Schreiben Sie eine Visitenkarte für Ihre Partnerin / Ihren Partner. Fragen Sie.

◆ Deine Handynummer, bitte. / Adresse, bitte. / E-Mail-Adresse, bitte.
◆ Bitte buchstabiere. / Wie schreibt man das? / Langsamer, bitte.

Ich nehme ...

Lesen und Grammatik Akkusativ, definiter Artikel, Negativartikel **Hören, Lesen und Grammatik** trennbare Verben
Sprechen und Schreiben Wann stehst du auf?

LESEN UND GRAMMATIK

1 Starten wir! Farben. Alle im Kurs. Sprechen Sie.

◆ Das Smartphone hier ist rot.
○ Und das hier ist schwarz.

2 Zu zweit. Lesen Sie. Was ist richtig? Kreuzen Sie an.

Der Text ist ein
○ Chat mit dem Support von Clubstar.
○ Interview im Radio.
○ Telefongespräch.

EXTRAS
bedeuten = heißen

3 Fragen. Sortieren und schreiben Sie.

1 Flat Tarife / Wie viele / Clubstar? / hat
2 kostet / Was / der XL Tarif?
3 Emma / ein Smartphone? / Braucht
4 sie / Nimmt / den Tarif XL?

Wie viele Flat Tarife ...?

4 Ordnen Sie nun die Antworten zu.

○ a Der XL Tarif kostet 29,80 €.
○ b Ja, Emma braucht ein Smartphone.
○ c Clubstar hat zwei Flat Tarife.
○ d Ja, sie nimmt den Tarif XL.

Club★ ★star Support Chat live

Guten Tag, Emma. Deine Fragen, bitte?
Julia

Hallo! Was kostet die Flatrate?
Emma

Wir haben zwei Tarife, den XS und den XL.

Okay. Und das bedeutet ...?

Der XS hat eine Internet Flat, eine Telefon Flat und 50 SMS inklusive. Für 22,80 €.

Und der XL?

Internet, Telefon und SMS, alles flat. Für 29,80 €.

Gut ...

Brauchst du ein Handy?

Ja ...

Ich habe das Smartphone One Touch für 2 € im Monat.

Okay, dann nehme ich den Tarif XL und das Handy.

5 Zu zweit. Lesen Sie den Text in 2 noch einmal und unterstreichen Sie die Artikel. Dann ergänzen Sie die Tabelle.

Ich nehme ... / brauche ...	
● .... Tarif XL.	einen Drucker.
● .... Handy.	.... Handy.
● die Maus.	eine Maus.

ich nehme
du nimmst
er / sie nimmt

86 🔊 **6 Zu zweit. Hören und wiederholen Sie die Sätze.** Spielen Sie Dialoge mit den Nomen rechts.

◆ Brauchst du ein Smartphone?
○ Ja, ich nehme das Smartphone hier.

● Maus ● Laptop
● Drucker ● USB-Stick

7 Zu zweit. Fragen Sie Ihre Partnerin / Ihren Partner und kreuzen Sie an. Berichten Sie dann im Kurs.

◆ Hast du ...? ○ Ja, ich habe ... / Nein, ich habe ...

○ zwei Laptops ○ einen Laptop ○ keinen Laptop
○ zwei Smartphones ○ ein Smartphone ○ kein Smartphone
○ zwei Mäuse ○ eine Maus ○ keine Maus

Ich habe ...
● keinen Drucker.
● kein Tablet.
● keine Maus.

HÖREN, LESEN UND GRAMMATIK

87 🔊 **8** **Zu dritt. Hören Sie und sortieren Sie die Bilder.**

87 🔊 **9** **Lesen Sie und ordnen Sie Text und Uhrzeiten zu.** Dann hören Sie noch einmal und prüfen Sie.

06:30 UHR
07:00 UHR
08:15 UHR
08:35 UHR
18:00 UHR
20:00 UHR
22:30 UHR

U-Bahn, Wilmersdorfer Straße. Sara steigt ein ... und hört Musik. Sehen Sie, alle hören Musik und lesen ... Ja, ja, nie ohne mein Smartphone!

Ups! Guten Morgen, Sara! – Ja, Saras Tag fängt gut an. Sie steht um halb sieben auf. Sie duscht. Sie zieht Jeans und T-Shirt an.

Sara isst. Und sie telefoniert. Sie ruft Emil an. Tja ...

Sie frühstückt und ... Klar! Sie checkt ihre SMS- und ihre WhatsApp-Nachrichten, sie checkt Termine ... und, und, und ...

... und sehen Sie. Der Tag geht, das Smartphone kommt. Sara macht das Licht aus. Und sie macht das Smartphone an ...

U-Bahn, Potsdamer Platz. Sara steigt aus ... und hört Musik. Und im Büro: Multitasking! Computer, Telefon ...

Sara ist bei BIOWELT. Sie kauft Lebensmittel ein. Und die Einkaufsliste? Na klar! Sara hat die Einkaufs-App!

Bei Biowelt.

EXTRAS
mit ↔ ohne
Der Tag kommt. ↔ Der Tag geht.

10 **Zu dritt. Suchen Sie die Verben in 9.** Ergänzen Sie die Infinitive.

fängt ... an *anfangen*
zieht ... an ....
steigt ... aus ....
ruft ... an ....
macht ... an ....

steht ... auf *aufstehen*
steigt ... ein ....
kauft ... ein ....
macht ... aus ....

Ich stehe um ... auf.

	auf¦stehen	an¦fangen
ich	stehe auf	fange an
du	stehst auf	fängst an
er/es/sie	steht auf	fängt an

11 **Machen Sie eine Tabelle und ergänzen Sie acht Sätze** mit den Verben *an¦fangen, auf¦stehen, ...*

	2		Ende
Saras Tag	*fängt*	*gut*	*an.*

12 **Sortieren und schreiben Sie.** Ergänzen Sie, was für Sie richtig ist.

Ich stehe um ...

1 aufstehen / Ich / um ....
2 Ich / um .... / frühstücken
3 einkaufen / Ich / bei ....
4 Mein Deutschkurs / um .... / anfangen

SPRECHEN UND SCHREIBEN

13 **Ja, das kann ich ...** Fragen Sie Ihre Partnerin / Ihren Partner. Berichten Sie dann im Kurs.

1 Wann stehst du auf?
2 Wann frühstückst du?
3 Wo kaufst du ein?
4 Wann fängt dein Deutschkurs an?

Grammatik Xpress

mehr Übungen im Arbeitsbuch und online

NICHT

1 **Alles falsch.** Schreiben Sie richtig.

Das ist Paul.	→	Das ist nicht Paul.
Er arbeitet als Koch.	→	Er arbeitet nicht als Koch.

Fabio:
Berlin, Friseur,
Hobby = Musik

Sein Name ist Jan. Er kommt aus Leipzig. Er arbeitet als Manager. Sein Hobby ist Sport.

Sein Name ist nicht Jan. Sein Name ist Fabio. Er kommt ...

Anna:
Berlin, Köchin,
Hobby = Sport

Ihr Name ist Marina. Sie kommt aus München. Sie arbeitet als Polizistin. Ihr Hobby ist Musik.

Ihr Name ist nicht ...

ALS, FÜR, BEI

2 **Ergänzen Sie die Tabelle.**

Er arbeitet .... Koch.	Ich arbeite .... Firmen.	Wir kaufen .... BIOWELT ein.
Sie arbeitet .... Ingenieurin.	Ich brauche nicht viel .... meine Arbeit.	

MAN

3 **Ergänzen Sie.**

Wie schreibt .... das?
Wie buchstabiert .... das?

er / es / sie man	schreibt, buchstabiert, arbeitet, spricht

ZAHLEN 101 BIS ...

4 **Ergänzen Sie.**

101	*ein*hunderteins	200	.......hundert	1.000	(ein)tausend
102	.......hundertzwei	300	.......hundert	2.000	zweitausend
116	.......hundertsechzehn	410	.......hundertzehn	3.000	dreitausend
175	.......hundertfünfundsiebzig	599	.......hundertneunundneunzig	4.000	viertausend

AKKUSATIV

	Artikel:	indefinit	negativ	definit	
● maskulin	Ich brauche	einen	keinen	den	Drucker.
● neutral		ein	kein	das	Büro.
● feminin		eine	keine	die	Maus.
● Plural		–	keine	die	Visitenkarten.

Der Akkusativ steht nach *nehmen, haben, brauchen, ...*

5 **Schreiben Sie Dialoge.**

◆ Brauchen Sie eine Maus?
○ Nein, ich brauche keine Maus, ich brauche ...

1 Maus? → ● Maus ☹ ● USB-Stick ☺
2 Handy? → ● Handy ☹ ● Tablet ☺
3 Laptop? → ● Laptop ☹ ● Drucker ☺
4 Pause? → ● Pause ☹ ● Job ☺

Akkusativ im Satz

Wer? / Was?		*Wen? / Was?*
Nominativ	Verb	Akkusativ
Ich	nehme	einen Laptop.
		den Laptop.

PERSONALPRONOMEN

6 ***er, es* oder *sie*?** Unterstreichen Sie.

1 ● Der Laptop hier kostet 399 €. *Er / Es / Sie* ist richtig gut.
2 ● Das Smartphone ist super. *Er / Es / Sie* hat 74 Gigabyte.
3 ● Die Bürste kostet nicht viel. *Er / Es / Sie* ist wirklich cool.

	Nominativ
● maskulin	Tarif → er
● neutral	Handy → es
● feminin	Bürste → sie

W-FRAGE

7 **Wie heißt das Fragewort?**

	2		Ende
(nanW)	joggst	du?	
	stehst	du	auf?

UM

8 **Ergänzen Sie *um*.**

Wann?
.... 8 Uhr.
.... Viertel vor sieben.

TRENNBARE VERBEN

	2		Ende
Ich	stehe	um sieben (Uhr)	auf.
Sie	zieht	Jeans und T-Shirt	an.

So auch: ein|steigen, aus|steigen, ein|kaufen, an|fangen, aus|machen, an|machen, an|rufen

9 **Wer macht wann was?** Schreiben Sie.

1 Emma / 09:30 / aufstehen
2 Fabio / 18:00 / einkaufen
3 Paul / 23:00 / das Licht ausmachen
4 Martha / 08:30 / das Radio anmachen

Emma steht um halb zehn auf.

VERBEN MIT VOKALWECHSEL

10 **Ergänzen Sie die Vokale.**

	sprechen	nehmen	essen	an|fangen
ich	spreche	nehme	esse	fange an
du	sprichst	n...mmst	...sst	fängst an
er / es / sie	spricht	n...mmt	...sst	fängt an
wir	sprechen	nehmen	essen	fangen an
ihr	sprecht	nehmt	esst	fangt an
sie / Sie	sprechen	nehmen	essen	fangen an

Xtra Lesen

Mein Leben Wann stehst du auf?

1 **Zu zweit. Ordnen Sie zu.**

1 ◯ früh anfangen
2 ◯ schlafen gehen
3 ◯ die Kinder abholen

A

B

C

www.lebenlieben.blogspot.com

MEIN LEBEN

RONALDO ist Ingenieur in São Paulo.

Hallo, ich heiße **Ronaldo**. Ich bin 32 Jahre alt. Ich habe eine Freundin, aber wir haben noch keine Kinder.

Ich arbeite und lebe in São Paulo. São Paulo ist eine sehr große Stadt in Brasilien.

Ich bin Ingenieur bei NanoTec. Zweitausend Menschen arbeiten hier. Wir produzieren für die Autoindustrie in den USA und in ganz Europa.

Mein Tag fängt früh an. Ich stehe um halb sechs auf, dusche, frühstücke so um sechs und gehe um halb sieben ins Büro. Um halb eins mache ich Pause und esse ein Sandwich. Ich arbeite bis fünf Uhr. Dann kaufe ich ein, koche und esse. Manchmal kommt auch meine Freundin. Dann hören wir Musik, trinken Wein oder sehen einen Film. Um elf Uhr gehen wir schlafen. Ja, ich liebe mein Leben!

Ich bin **Daniella** und arbeite als Marketingassistentin bei Circle hier in Basel. Circle produziert Software und Apps.

Und das sind mein Mann und meine Kinder. Wir stehen um sieben Uhr auf. Um halb acht frühstücken wir. Es gibt Müsli, Kaffee und Orangensaft. Manchmal essen wir auch Croissants und trinken Milchkaffee.

Um Viertel nach acht gehe ich ins Büro. Ich schreibe E-Mails, telefoniere und organisiere Meetings. Um halb eins gehe ich in die Kantine und esse mit meinen Kolleginnen und Kollegen. Um halb vier gehe ich in den Kindergarten und hole die Kinder ab. Dann kaufen wir ein und kochen – die Kinder und ich. Wir essen um sechs. Und um halb zwölf gehen mein Mann und ich schlafen. Also, ich liebe mein Leben!

MEIN LEBEN

DANIELLA ist Marketing-assistentin in Basel.

2 **Zu zweit. Lesen Sie den Text und ergänzen Sie die Uhrzeiten.**

Er / Sie ...	Ronaldo	Daniella
steht auf.	5:30 Uhr	....
frühstückt.	....	7:30 Uhr
geht ins Büro.	6:30 Uhr	....
macht Pause.	....	12:30 Uhr
holt die Kinder ab.	–	....
isst.	18:00 Uhr	....
geht schlafen.	....	23:30 Uhr

3 **Und Sie? Machen Sie eine Tabelle wie in 2.**

Ich stehe auf.	
Ich frühstücke.	
...	

Freizeit

1 **Alle im Kurs. Die Hobbys kennen Sie aus den Lektionen 1 bis 4.** Suchen und ergänzen Sie.

Sport – Hobbys

2 **Sehen Sie die Bilder oben an und ergänzen Sie.**

Computerspiele spielen | snowboarden | im Internet surfen | Musik hören | tanzen

88 **3** **Hören Sie und zeigen Sie auf die Bilder.** Hören Sie noch einmal und wiederholen Sie.

Hobbys

Vokabeln Freizeit Lesen und Grammatik *in* + Akkusativ Schreiben und Sprechen Freizeit-Poster

VOKABELN

1 **Was macht Spaß? Was ist Stress?** Markieren Sie die Vokabeln auf Seite 55 grün oder rot.

2 **Spaß oder Stress?** Ordnen Sie zu und schreiben Sie.

Spaß?	Stress?
ins Kino gehen	*einkaufen*

3 **Zu zweit. Zeigen Sie auf die Vokabeln und sprechen Sie.**

◆ Ins Kino gehen, das macht Spaß. ○ Einkaufen, das ist Stress.

EXTRAS
… macht Spaß. ↔ … ist Stress.

LESEN UND GRAMMATIK

4 **Zu zweit. Lesen Sie und ordnen Sie Texte und Fotos zu.**

www.eins-online.com

Nur eine Frage!

Was machst du in der Freizeit?

◯ 1 **Emma, 24,** Berlin
Ich mache viel Sport und gehe ins Fitness-Studio. Und ich gehe in den Park und jogge. Ich treffe gerne Freunde und höre Musik.

◯ 2 **Anna, 28,** Leipzig
Im Internet surfen und Computerspiele spielen. Und ich gehe gerne in die Stadt, einkaufen und Kaffee trinken. Ich besuche auch oft meine Familie in Bremen.

◯ 3 **Tom, 35,** Basel
Ich spiele Klavier. Nicht gut, aber ich spiele gerne. Und ich lese gerne, gehe ins Kino und fahre gerne Rad.

◯ 4 **Bernie, 19,** München
Snowboarden, feiern, in die Disco gehen und fernsehen! Und wir treffen uns oft am Eisbach. Wir surfen und chillen.

A

C

D

B

EXTRAS
● Freizeit ↔ ● Arbeit

5 Zu zweit. Was ist falsch? Lesen Sie und kreuzen Sie an.

○ **1** Emma geht gerne ins Fitness-Studio.
○ **2** Emma hört gerne Musik und geht in die Disco.
○ **3** Anna ist sechsundzwanzig und kommt aus Leipzig.
○ **4** Anna besucht manchmal ihre Familie.
○ **5** Tom spielt gut Klavier.
○ **6** Tom fährt gerne Rad.
○ **7** Bernie feiert nie.
○ **8** Bernie feiert gerne und surft am Eisbach.

6 Ergänzen Sie die Sätze aus 4.

Ich mache *viel Sport*.
Ich treffe gerne ……………… .
Ich besuche auch ……………… .
Ich spiele ……………… .
Und ich lese gerne, ……………… ……………… .

7 Zu zweit. Lesen Sie 4 noch einmal und unterstreichen Sie *in den, ins, in die*.
Dann ergänzen Sie die Grammatik.

	Wohin? →
● Park	……… Park
● Kino	……… Kino
● Stadt	……… Stadt

8 Zu zweit. Schreiben Sie den Dialog.

◆ WASMACHSTDU?WOHINGEHSTDU?
○ ICHGEHEINSFITNESSSTUDIO.
UNDIHR?WASMACHTIHR?
◆ WIRGEHENINDIESTADT.

Was machst du?

89 **9 Zu zweit. Hören Sie die Sätze aus 8 und wiederholen Sie.**
Schreiben Sie einen Dialog, variieren und spielen Sie.

SCHREIBEN UND SPRECHEN

10 Ja, das kann ich ... Schreiben Sie Ihre Hobbys auf Karten und kleben Sie die Karten auf ein Poster.

11 Alle im Kurs. Spielen Sie mit dem Ball. Fragen und antworten Sie. Zeigen Sie auf das Poster.

◆ Was sind deine Hobbys?
○ Ich höre gerne Musik.

B Ich spiele gerne ...

Lesen und Grammatik Verben   Grammatik Freunde treffen   Schreiben und Sprechen Meine Hobbys

LESEN UND GRAMMATIK

1 **Starten wir!** Alle im Kurs. Sprechen Sie über Ihre Person.

◆ Ich bin Carla, 20 Jahre alt, und meine Hobbys sind ...

90 **2** **Zu zweit. Lesen Sie den Text links und unterstreichen Sie die Tage.** Dann hören Sie und sortieren Sie.

○ Mittwoch ○ Sonntag ○ Donnerstag ○ Samstag ○ Montag ○ Freitag ○ Dienstag

www.in-berlin.de

WANN? WAS? WOHIN?

in BERLIN!

LISA: Am Donnerstag gehen wir immer ins LATIN HOUSE. Wir feiern und tanzen. Das LATIN HOUSE ist mein Lieblingsclub. Super!

BEN: Am Wochenende bin ich nie zu Hause. Der Samstag ist richtig cool hier in Berlin. Ich treffe Freunde, und wir gehen in Konzerte oder ins Theater.

EVELYN: Der Freitag ist mein Lieblingstag. Manchmal laden wir Freunde ein. Und wir kochen. Das macht Spaß! Oder wir gehen ins Restaurant. Wir essen Hamburger oder Sushi. Und sehr oft Pizza. Meine Familie liebt Pizza.

Berlin schläft nie! Tanzen von Montag bis Sonntag. Die Webseite von **in BERLIN!** listet 250 Clubs, Bars und Discos.

____

Die Termine für Konzert-Highlights, Musicals und Shows haben wir, bei **in BERLIN!**.

Fast Food oder Luxus?

Berlin hat 4.650 Restaurants. Und die Top-Adressen sind hier, bei **in BERLIN!**.

____

Berlin hat 300 Kinos und 50 Theater. Filme auf Deutsch, Englisch, Französisch, Spanisch ... Und das Programm hat **in BERLIN!**.

3 **Zu zweit. Lesen Sie den Text noch einmal.** Wer macht das? Lisa (L), Ben (B), Evelyn (E)?

○ Freunde einladen ○ ins Theater gehen ○ ins Restaurant gehen
○ in Konzerte gehen ○ Freunde treffen ○ feiern

4 **Zu zweit. Lesen Sie den Text in 2 über *in Berlin!* (rechts).** Ordnen Sie die Überschriften zu.

~~Fast Food oder Luxus?~~ Klassik oder Rock & Pop? Filme sehen! Ins Theater gehen!

91 **5** **Zu zweit. Hören Sie den Podcast und ordnen Sie die Fragen und Personen zu.**

○ Lisa ○ Ben ○ Evelyn

A Was machst du so in der Freizeit? Liest du? Triffst du Freunde? Oder lädst du Freunde ein?

B Was machst du? Sport? Fährst du gerne Rad?

C Und du? Was machst du so in der Freizeit? Am Wochenende? Siehst du viel fern?

6 **Zu zweit. Lesen Sie die Fragen in 5 noch einmal und unterstreichen Sie die Verben.** Dann ergänzen Sie die Grammatik.

	treffen	fahren	lesen	ein/laden	fern/sehen
ich	treffe	fahre	lese	lade ein	sehe fern
du	tr...ffst	f...hrst	l...st	l...dst ein	s...hst fern
er / sie	trifft	fährt	liest	lädt ein	sieht fern

GRAMMATIK

7 **NEON macht Interviews. Lesen Sie.** Wer sagt was? Ergänzen Sie NEON (N), Laura (L) oder Peter (P).

◯ Hm, ich arbeite viel und habe wenig Freizeit. Also, ich mache viel Sport! Ich gehe *in den / ins / in die* ● Park und jogge. Oder *in den / ins / in die* ○ Fitness-Studio! Und ich gehe *in den / ins / in die* ○ Stadt, kaufe ein, treffe Freunde.
◯ Danke, Laura. Und wie heißt du?
◯ Hi, ich bin Peter.
◯ Okay, Peter. Was sind deine Hobbys?
◯ Na ja, Freunde treffen, *in den / ins / in die* ○ Disco gehen, *in den / ins / in die* ○ Kino gehen. ...

8 **Zu zweit. Suchen Sie die Nomen mit Kreisen** ○. Sind die Nomen maskulin, neutral oder feminin? Markieren Sie mit Farben: ●, ● oder ●.

● **In den** Park.
● **Ins** Kino.
● **In die** Stadt.

92 🔊 **9** **Lesen Sie die Interviews noch einmal.** Was ist richtig? *in den, in die* oder *ins?* Unterstreichen Sie. Dann hören und prüfen Sie.

10 **Zu zweit. Ergänzen Sie mit Wörtern aus dieser Lektion.**

Freunde treffen .... besuchen .... einladen
.... spielen .... gehen

TIPP
Lernen Sie Kombinationen: *Freunde treffen, ins Kino gehen*

SCHREIBEN UND SPRECHEN

11 **In Gruppen. Schreiben Sie Karten.** Legen Sie die Karten auf den Tisch und mischen Sie. Jede(r) zieht eine Karte und sucht seinen Partner. Lesen Sie die Sätze vor.

Ich spiele gerne | *Musik.* | *Ich gehe gerne* | *gerne.* | *Ich lese* | *Ich mache* | *viel Sport.*
Klavier. | *Ich höre gerne* | *Freunde.* | *Ich treffe gerne* | *ins Kino.*

12 **Schreiben Sie Fragen.**

1 sind / Was / deine Hobbys?
2 du / Triffst / gerne Freunde?
3 du / gerne / ins Kino? / Gehst
4 du / Fährst / oft Rad?

Was sind ...?

13 **Alle im Kurs. Gehen Sie umher und fragen und antworten Sie.** Auch die Fragen in 12 helfen Ihnen.

◆ Was machst du am Wochenende?
◆ Liest du gerne?
○ Ich ...
○ Ja, ... / Nein, ...

Wann? | Am Wochenende.

14 **Ja, das kann ich ...** Alle im Kurs. Und Ihre Hobbys? Machen Sie ein Quiz. Schreiben Sie zwei Sätze auf eine Karte. Ein Satz ist richtig. Ein Satz ist falsch! Lesen Sie die Sätze vor. Alle raten.

◆ Das stimmt.
○ Das ist richtig.
▲ Das stimmt nicht.
□ Das ist falsch.

Ich spiele gerne Klavier.
Ich gehe gerne in Clubs.

EXTRAS
richtig ↔ falsch

C Wochenende

Vokabeln Zeit, Monate   Lesen und Grammatik Modalverb *können*   Sprechen und Schreiben Freizeit in Ihrer Familie

VOKABELN

1 **Starten wir!** Tage. Prüfen Sie Ihre Partnerin / Ihren Partner.

Partner(in) A ◆ fragt: Montag plus zwei?   Partner(in) B ○ antwortet: Mittwoch.
Montag minus drei?   Freitag.

93 **2** **Zu zweit. Lesen und hören Sie das Gedicht *Leben*.** Ergänzen Sie die Tabelle.

60 Sekunden	*eine Minute*
60 Minuten	*eine*
24 Stunden	
7 Tage	
4 Wochen	
12 Monate	

Leben

*Eine **Sekunde** ist kurz. Eine **Minute** ist lang.*
*Eine **Minute** ist kurz. Eine **Stunde** ist lang.*
*Eine **Stunde** ist kurz. Ein **Tag** ist lang.*
*Ein **Tag** ist kurz. Eine **Woche** ist lang.*
*Eine **Woche** ist kurz. Ein **Monat** ist lang.*
*Ein **Monat** ist kurz. Ein **Jahr** ist lang.*
*Das **Leben** ist kurz.*

EXTRAS
plus + / minus –

EXTRAS
kurz ↔ lang

94 **3** **Zu zweit. Sortieren Sie Tage und Monate.** Dann hören und prüfen Sie.

Oktober, ~~Januar~~, April, ~~Montag~~, Mai, Juni, Dienstag, September, Mittwoch, Dezember, Donnerstag, Freitag, Februar, August, Samstag, Juli, Sonntag, März, November

Tage	Monate
Montag	*Januar*

TIPP
Benutzen Sie einen deutschen Kalender. Stellen Sie Kalender und Zeit auf Handy und Computer auf die Sprache Deutsch ein.

LESEN UND GRAMMATIK

4 **Das Fitness-Studio TOPFIT plant ein Wochenende in Österreich.** Lesen Sie das Programm. Thomas, Angelika ... sind Trainer. Wer macht was? Zu zweit. Ergänzen Sie.

Mit TOPFIT ein Aktiv-Wochenende im Club Amadeus in Österreich

PROGRAMM

Samstag
09:00 mit Thomas: wir schwimmen
09:00 mit Angelika: wir wandern
10:00 mit Anika: wir fahren Rad
14:00 mit Kerstin: wir walken

Sonntag
09:00 mit Kerstin: wir joggen
09:00 mit Anika: wir spielen Golf
10:00 mit Angelika: wir wandern
10:00 mit Thomas: wir schwimmen

Kurse im Amadeus Fitness-Studio: Aerobic, Yoga, Pilates
Sauna, Pool

20:00 Party   Rückfahrt ab **16:00** Uhr

Thomas	*schwimmen*
Angelika	
Anika	
Kerstin	

95 🔊 **5** **Zu zweit. Hören Sie Paul, Fabio und Emma.** Was findet Paul cool? Kreuzen Sie an.

○ Schwimmen, Aerobic ... ○ Sauna, Pool, Party, Feiern.

95 🔊 **6** **Hören Sie noch einmal.** Was sagen die Personen? Ordnen Sie zu.

1 Wir können
2 Ja, und ihr könnt
3 Du kannst

a Aerobic machen und ins Fitness-Studio gehen.
b Rad fahren und walken.
c schwimmen und wandern.

7 **Zu zweit. Lesen Sie 6 noch einmal und unterstreichen Sie die Formen von *können*.** Dann ergänzen Sie die Grammatik.

Ich	kann	auch joggen.
Du	....	
Er / Es / Sie	kann	
Wir	....	
Ihr	....	
Sie	können	

8 **Am Wochenende.** Sortieren Sie die Karten auf Seite 150 und ergänzen Sie die Tabelle.

	2		Ende
Wir	*können*	*Freunde*	*besuchen.*

96 🔊 **9** **Zu zweit. Hören und sortieren Sie.**

○ ◆ Ja, wir können auch joggen.
Und wir können ins Fitness-Studio gehen.
○ ○ Ich weiß noch nicht. Walken?
○ ◆ Und was machen wir am Wochenende?

10 **Zu zweit. Lesen Sie den Dialog in 9.** Schreiben Sie dann einen Dialog. Schließen Sie Hefte und Bücher und spielen Sie.

EXTRAS
Ich weiß noch nicht.

SPRECHEN UND SCHREIBEN

11 **In Gruppen. Ideen fürs Wochenende.** Spielen Sie ohne Worte.

Schreiben Sie auf eine Karte, zum Beispiel: →

ins Fitness-Studio gehen

Legen Sie alle Karten auf den Tisch und mischen Sie. Jeder nimmt eine Karte und spielt ohne Worte (Pantomime). Alle raten.

◆ Wir können ins Fitness-Studio gehen.

12 **Ja, das kann ich ...** Freizeit und Hobbys in Ihrer Familie? Alle im Kurs. Machen Sie eine Liste.

◆ Du, Carla, was macht ihr so am Wochenende?
○ Ich lese gern. Und mein Freund sieht fern.

Name	
Carla	...
David	
...	

D Stress

Vokabeln morgens, abends ... Lesen, Hören und Grammatik Modalverb *müssen* Schreiben und Sprechen Mein Sonntag

VOKABELN

1 Starten wir! Alle im Kurs. Was machen Sie am Wochenende? Schreiben Sie auf eine Karte. Wer macht das auch? Gehen Sie im Kursraum umher und suchen Sie eine Person.

Am Wochenende lade ich gerne Freunde ein.

Wann?	Am Wochenende. Am Samstag. Am Sonntag.

97 **2 Stress-Management Teil 1.** Hören Sie Laura und ordnen Sie zu.

SAMSTAG

1	2	3	4	5
aufstehen, duschen, anziehen, frühstücken	aufräumen, einkaufen, Freundin treffen	ins Fitness-Studio gehen, E-Mails schreiben, telefonieren	fernsehen, Freunde treffen, Pizza essen, Freunde einladen	in einen Club gehen, feiern

A nachmittags

B nachts

C abends

D morgens

E vormittags

97 **3 Hören Sie noch einmal und ergänzen Sie.**

auf ein fern auf ein

Also, am Samstag stehe ich so um neun Uhr (1) .... Vormittags räume ich (2) .... Ich kaufe (3) .... , treffe eine Freundin und wir trinken Kaffee. Abends sehe ich (4) .... und dann treffe ich Freunde. Manchmal lade ich auch Freunde (5) .... , und wir kochen.

EXTRAS
auf|räumen

4 Zu zweit. Ordnen Sie zu.

~~vormittags~~ nachmittags abends nachts morgens mittags

der Tag

07.00 Uhr: ....
11.00 Uhr: *vormittags*
15.00 Uhr: ....
19.00 Uhr: ....
23.00 Uhr: ....
12.00 Uhr: ....

5 Was macht Ihr(e) Partner(in) am Wochenende?
Was möchten Sie wissen? Schreiben Sie drei Fragen.

Wann stehst du am Samstag auf? Was machst du vormittags? ...

6 Nun fragen Sie. Ihr(e) Partner(in) antwortet.

◆ Um ... frühstücke ich. Vormittags treffe ich ... / gehe ...

	2		
Ich	treffe	abends	Freunde.
Abends	treffe	ich	Freunde.

LESEN, HÖREN UND GRAMMATIK

7 **Lesen Sie den Text und die Überschriften.** Welche Überschrift passt?

Freizeitstress   Hobbys   Familie und Job

..............................: Sie haben auch Familie, einen Job und viele Hobbys? Also, Stress und Job! Klar, das kennen Sie: E-Mails schreiben, telefonieren, Meetings organisieren ... Aber Stress und Freizeit? „Ich muss, ich muss, ich muss ...!" auch in der Freizeit? Ja, das geht dann oft so: „Lena sagt, der Film mit Daniel Craig ist super! Du, wir müssen den Film sehen!" Oder so: „Mein Englischkurs am Mittwoch! Oje! Ich muss Grammatik lernen." Und dann: „Oje, mein Body-Mass-Index! Komm, wir müssen joggen!" Morgens, mittags, abends und auch am Wochenende hören Sie: „Ich habe Stress!" – Und was tun? Richtig! Nichts! Relaxen! Schlafen, chillen, lesen oder fernsehen. **Wichtig ist:** Freizeit muss Spaß machen.

8 **Eine Aussage ist falsch.** Kreuzen Sie an.

○ Stress hat man nur im Job.
○ Freizeit muss Spaß machen.

9 **Lesen Sie den Text noch einmal und unterstreichen Sie alle Formen von *müssen*.**
Dann ergänzen Sie die Grammatik.

Ich	.... Grammatik lernen.
Du	musst
Er / Es / Sie	muss
Wir	....
Ihr	müsst
Sie	müssen

98 **10** **Stress-Management Teil 2.** Hören Sie Fabio. Welche Verben hören Sie? Unterstreichen Sie.

posten   einkaufen   aufräumen   schreiben   joggen   besuchen   lernen   waschen

99 **11** **Martha wartet auf Fabio.** Zu zweit. Hören und sortieren Sie.

○ ◆ Du, wir müssen jetzt gehen. Das Kino fängt um sechs an.
○ ◆ Kommst du, bitte? Es ist schon halb sechs.
○ ● Gleich. Ich muss noch telefonieren.
○ ● Okay, ich komme.

CD 2
1 **12** **Zu zweit. Hören und wiederholen Sie die Sätze aus 11.** Dann schreiben Sie einen Dialog und spielen Sie.

13 **In Gruppen. Schreiben Sie einen Satz mit *müssen* auf Karten (1 Wort = 1 Karte).**
Mischen Sie die Karten. Jeder nimmt eine Karte und sucht seine Position. Spielen Sie dreimal.

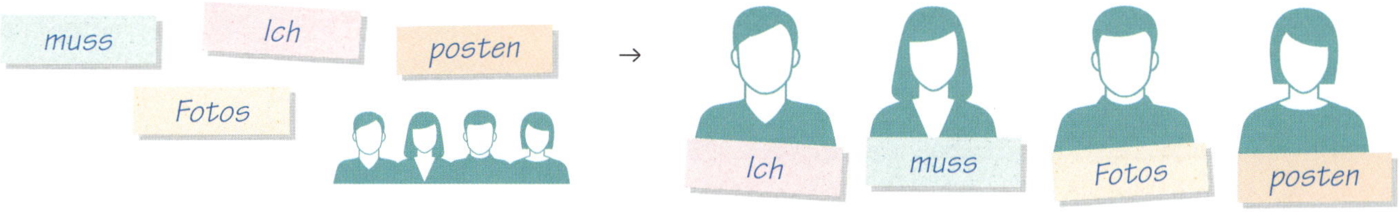

SCHREIBEN UND SPRECHEN

14 **Ja, das kann ich ...** Mein Sonntag! Schreiben Sie auf eine Karte. Legen Sie dann alle Karten auf einen Tisch und mischen Sie. Nehmen Sie eine Karte und lesen Sie vor. Alle raten. Wer ist das?

Ich stehe um ... auf. Ich frühstücke ... Vormittags muss ... Nachmittags spiele ich ... Ich treffe ... und gehe ...

Grammatik Xpress

mehr Übungen im Arbeitsbuch und online

IN + AKKUSATIV

	Wohin? in → ☐		
• maskulin	Ich gehe	in den	Park.
• neutral	Ich gehe	ins	Kino.
• feminin	Ich gehe	in die	Stadt.

EXTRAS
ins = in das

		Wohin?	
Nominativ	Verb	Präposition	Akkusativ
Ich	gehe	in	den Park.

1 **Ergänzen Sie.**

in die | aus | ins | in den | in | in die | ins

1
◆ Was macht ihr gerne?
○ Wir gehen oft ________ Kino.

2
◆ Wo wohnt Lisa?
○ ________ Köln.
◆ Und was sind ihre Hobbys?
○ Musik hören, ________ Fitness-Studio gehen und ________ Park gehen und joggen.

3
◆ Komm! Wir gehen ________ Stadt und kaufen ein.
○ Okay.

4
◆ Woher kommst du?
○ ________ Italien.
◆ Gehst du oft ________ Disco?
○ Ja.

VERBEN

	treffen	lesen	(Rad) fahren	fern/sehen		ein/laden	
ich	treffe	lese	fahre	sehe	fern	lade	ein
du	triffst	liest	fährst	siehst	fern	lädst	ein
er / es / sie	trifft	liest	fährt	sieht	fern	lädt	ein
wir	treffen	lesen	fahren	sehen	fern	laden	ein
ihr	trefft	lest	fahrt	seht	fern	ladet	ein
sie / Sie	treffen	lesen	fahren	sehen	fern	laden	ein

2 **Das macht Laura gerne.** Schreiben Sie.

Sie besucht gerne ihre Familie.

1 ihre Familie besuchen
2 in die Disco gehen
3 Freunde treffen
4 fernsehen
5 ins Kino gehen
6 ein Buch lesen
7 Klavier spielen
8 Sport machen
9 Pizza essen
10 Musik hören
11 Auto fahren
12 Rad fahren
13 Freunde einladen
14 in den Park gehen
15 Deutsch sprechen
16 Hamburger essen

MODALVERBEN *KÖNNEN* UND *MÜSSEN*

Möglichkeit: Du kannst lesen.
Notwendigkeit: Ich muss telefonieren.

	können	müssen
ich	kann	muss
du	kannst	musst
er / es / sie	kann	muss
wir	können	müssen
ihr	könnt	müsst
sie / Sie	können	müssen

können und *müssen* im Satz:

	2		Ende
Du	kannst	in die Sauna	gehen.
Ihr	könnt		wandern.
Er	muss	noch	telefonieren.
Wir	müssen	den Film	sehen.

3 Unterstreichen Sie die richtige Form von *müssen*.

1 Du *musst / müssen* noch deine E-Mails lesen.
2 Ich *musst / muss* um sieben Uhr aufstehen.
3 Wir *müssen / müsst* noch frühstücken.
4 Sie *müsst / muss* nachmittags lernen.
5 Ihr *müsst / müssen* noch einkaufen.

4 *Ich muss noch ...* Sortieren und schreiben Sie.

Ich muss noch Kaffee trinken.

1 muss / Ich / Kaffee / noch / trinken.
2 noch / muss / frühstücken. / Sie
3 telefonieren. / Er / noch / muss
4 joggen. / noch / Wir / müssen
5 noch / Ihr / lernen. / müsst
6 noch / muss / Ich / essen.

5 Ergänzen Sie *müssen* und *können* in der richtigen Form.

◆ Was machst du am Samstag?
○ Ich (1) .... um sieben Uhr aufstehen. Ich (2) .... lernen. Und du?
◆ Ich weiß noch nicht.
○ Na ja, du (3) .... in die Stadt gehen und einkaufen.
Oder du (4) .... lesen und ins Fitness-Studio gehen.
◆ Ja, gute Idee. Und ich (5) .... zwei E-Mails schreiben und mit Kerstin telefonieren.

AM

Wann?	Am	Montag.	*Wann?*	Am	Wochenende.
	Am	Dienstag.			

6 *am* oder *um*? Unterstreichen Sie.

◆ Was machst du *am / um* Wochenende?
○ *Am / Um* Samstag stehe ich *am / um* zehn Uhr auf und frühstücke.
◆ Und *am / um* Sonntag?
○ Ich treffe Freunde. Wir gehen ins Kino.
◆ Wann? Abends?
○ Ja, *am / um* acht.

Xtra Lesen

Freizeit Rund um die Uhr

2 🔊 **1 Zu zweit. Hören Sie und sortieren Sie die Arbeitsplätze.**

○ 

○ 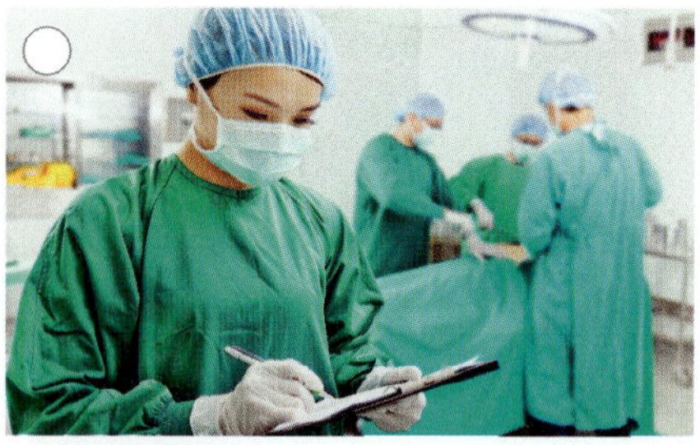

○ 

○ 

○ 

EXTRAS

rund um die Uhr = 24h

im Notfall = 📞+

schließen ↔ öffnen

● Arzt = Doktor
● Krankenschwester

2 Zu zweit. Lesen Sie und notieren Sie …

drei Berufe, drei Arbeitsplätze

3 Lesen Sie den Text und die Sätze. Zwei Sätze sind falsch. Kreuzen Sie an.

○ **1** Krankenschwestern arbeiten auch nachts.
○ **2** An Tankstellen kannst du nur Brot kaufen.
○ **3** Taxis braucht man immer.
○ **4** Am Frankfurter Flughafen arbeitet die Polizei immer.
○ **5** Call-Center öffnen nie.

www.job-scout.de

Freizeit? Hobbys? Für viele ein Problem

24h RUND UM DIE UHR

Krankenhaus, im Notfall immer da 365 Tage, 24 Stunden: Ärzte und Krankenschwestern arbeiten auch nachts.

Tankstelle An Tankstellen kann man tanken und Lebensmittel und Getränke kaufen. Und oft auch Brötchen und Brot. Viele Tankstellen schließen nie.

Taxi! Taxis fahren immer, morgens, mittags, abends und nachts. Taxifahrer und Freizeit? „Also, ich habe keine Freizeit", sagt Mehmet, Taxifahrer in Berlin Neukölln. „Ich arbeite 14 bis 18 Stunden pro Tag. Auch am Wochenende!"

Frankfurt Airport Am Flughafen arbeiten Service Personal und Polizei 24 Stunden an 365 Tagen. Auch essen kann man hier rund um die Uhr. „Ich arbeite seit über 20 Jahren am Flughafen. Immer nachts! Und ich liebe den Job!", sagt Tim Kahn von der AIR FREIGHT Division. „Aber Freizeit ist ein Problem. Ich schlafe morgens und nachmittags spiele ich mit den Kindern. Meine Frau arbeitet auch."

Call-Center Die Leute rufen immer an, auch nachts. „Wir sind immer da und schließen nie …", so Jenny, Call-Center-Agentin bei Europcar.

4 Alle im Kurs. Was schließt in Ihrer Stadt / Region nie? Machen Sie eine Liste an der Tafel. Sprechen Sie.

◆ Die Polizei schließt in … nie.

Meine Stadt, meine Wohnung

3 **1** **Sehen Sie die Bilder an, hören und wiederholen Sie.**

4 **2** **Schreiben Sie die Wörter im Plural.** Suchen Sie in der Wortliste im Anhang. Dann hören und prüfen Sie.

- Bahnhof → Bahnhöfe
- Geschäft → ....

Wo wohnst du?

Vokabeln Stadt und Land **Lesen und Grammatik** *auf / in* + Dativ **Schreiben und Sprechen** Mein Traumort ist …

VOKABELN

1 **Zu zweit. Was ist wichtig für Oli / Anna?** Ergänzen Sie O oder A auf Seite 67 und sprechen Sie.

1 Oli hat eine Frau und zwei Kinder. Die Kinder sind vier und zwölf.
2 Anna ist Single und arbeitet in der Stadt.

◆ Wichtig für Oli sind Kindergärten … ○ Für Anna sind Kinos … wichtig.

LESEN UND GRAMMATIK

5 ◀)) **2** **Zu zweit. Fünf Adjektive haben Lücken.** Lesen Sie die Texte in 5 und suchen Sie die Adjektive. Ergänzen Sie. Dann hören und prüfen Sie.

5 ◀)) **3** **Hören und wiederholen Sie die Wörter aus 2.**

4 **Wo wohnen Emma und Martha?** Kreuzen Sie an.

Emma wohnt ○ auf dem Land. ○ in der Stadt.
Martha wohnt ○ auf dem Land. ○ in der Stadt.

5 **Zu zweit. Welche Adjektive passen zu *Stadt?*** Unterstreichen Sie diese so: ______ .
Welche passen zu *Land?* Unterstreichen Sie so: ~~~ . Vergleichen Sie.

hässlich *schön* *laut* *interessant* *teuer* *alt* *billig* *grün* *super* *langweilig* *ruhig*

So wohne ich

Emma: Es ist super hier! Okay, es ist oft laut und die Wohnungen sind klein und teuer. Aber es gibt Geschäfte, Restaurants, Cafés und Kinos. Man kann einkaufen, Filme sehen und vietnamesisch, griechisch und italienisch essen. Die U-Bahn ist hier in der Straße. Ich bin in zehn Minuten im Zentrum. Auch der Stadtpark, der Tiergarten, ist nicht weit von hier. Im Stadtpark können wir Rad fahren, skaten, joggen und grillen. Ich wohne gerne hier, in der Stadt.

Meine Stadt, meine Wohnung

Martha: Hier im Dorf ist es ein bisschen langweilig. Aber es ist sehr schön, sehr grün und ruhig. Die Häuser sind alt und groß. Und auch die Mieten sind okay. Es gibt eine Kirche und einen Kindergarten. Geschäfte und Banken sind in Prenzlau. Das ist nicht weit. Prenzlau hat auch einen Bahnhof. Ich bin in fünfzig Minuten in Berlin. Ich wohne gerne hier, auf dem Land.

EXTRAS
es gibt = da ist
● Dorf ↔ ● Stadt
● Miete
weit = Berlin → Bangkok
nicht weit = Berlin → Prenzlau

6 **Zu zweit. Was sagt Emma? Was sagt Martha?** Lesen Sie 5 noch einmal und ergänzen Sie E oder M.

- ◯ **1** Im Stadtpark kann man Sport machen und grillen.
- ◯ **2** Ich wohne gerne auf dem Land.
- ◯ **3** Die Wohnungen sind klein und teuer.
- ◯ **4** Ich bin in fünfzig Minuten in Berlin.
- ◯ **5** Auch der Stadtpark ist nicht weit.
- ◯ **6** Und auch die Mieten sind okay.
- ◯ **7** Es ist sehr schön und ruhig.
- ◯ **8** Es ist oft laut.
- ◯ **9** Prenzlau ist nicht weit.

7 **Zu zweit. Suchen Sie die unterstrichenen Präpositionen und Nomen in 5.** Dann ergänzen Sie die Grammatik.

Wo?	
● auf dem Bahnhof	● .... Stadtpark
● .... Land	● .... Zentrum
● auf der Party	● .... Stadt

SCHREIBEN UND SPRECHEN

8 **Was ist Ihr Traumort?** Schreiben Sie fünf Sätze auf eine Karte. Schreiben Sie auch Ihren Namen.

Mario — *Mein Traumort ist Schloss Neuschwanstein. Da ist es …*

Nina — *Mein Traumort ist Wien. Da ist es … Man kann …*

Es ist schön.
Da ist es schön.

9 **Vergleichen Sie mit Ihrer Partnerin / Ihrem Partner und sprechen Sie.**

◆ Mein Traumort ist …

Da ist es …	(sehr) schön.	Man kann	wandern.
	super.		einkaufen.
	interessant.		ins Kino gehen.
	grün.		…
	ruhig.		

10 **Alle im Kurs. Sammeln Sie die Karten aus 8.** Heften Sie sie an eine Pinnwand und sortieren Sie nach Stadt, Land … Alle lesen und vergleichen.

11 **Ja, das kann ich …** Wählen Sie eine Karte / Person. Berichten Sie im Kurs.

◆ Das schreibt Nina. Ihr Traumort ist …

B So wohne ich!

Hören, Sprechen und Lesen Es gibt ... **Grammatik und Sprechen** *auf / in* + Dativ **Schreiben** Blog: So wohne ich.

HÖREN, SPRECHEN UND LESEN

1 Starten wir! Zu zweit. Zeigen Sie auf ein Bild auf Seite 67 und fragen und antworten Sie.

◆ Was ist das?
○ Das ist eine Kirche.

◆ Und das? Was ist das?
○ Das ist ein Krankenhaus.

6 🔊 **2 *SoWohnIch.de* macht ein Interview mit Martha.** Hören Sie. Sortieren und schreiben Sie die Fragen des Interviewers in den Text unten. Dann hören Sie noch einmal und prüfen Sie.

du / Wohnst / Martha? / auf dem Land, *ist / Wo / das?* *Gibt / es / Geschäfte?*

www.SoWohnIch.de

Interviewer: *Wohnst du* ....
Martha: Ja, in Grünow.
Interviewer: ....
Bei Prenzlau. Grünow ist ein Dorf. Ganz klein. Aber wir haben ein Haus, einen Garten, eine Garage und fünf Zimmer. Wir sind eine WG.
Interviewer: Eine WG auf dem Land! Cool!
Na ja, es ist ruhig. Manchmal ist es ein bisschen langweilig! Aber es gibt einen Kindergarten, eine Kirche ...
Interviewer: ....
Nein, Geschäfte sind in Prenzlau. Da gibt es auch Cafés und Restaurants. Und einen Bahnhof. Das ist toll ☺!
Ich fahre gerne nach Berlin.

EXTRAS
bei = nicht weit

● WG = Wohngemeinschaft

● Zimmer

3 Richtig oder falsch? Zu zweit. Kreuzen Sie an.

1	Grünow ist groß. Es gibt Banken und viele Geschäfte.	○ richtig	○ falsch
2	Das Haus hat einen Garten, eine Garage und vier Zimmer.	○ richtig	○ falsch
3	Martha wohnt in einer WG.	○ richtig	○ falsch
4	In Prenzlau gibt es auch einen Bahnhof.	○ richtig	○ falsch

EXTRAS
Was gibt es? = Was gibt's?

4 Partner(in) A ◆ zeigt auf ein Wort und fragt, Partner(in) B ○ antwortet.

Kleindorf
- Schule
- Kindergarten
- Kirche
- Kino

Großdorf
- Restaurants
- Krankenhäuser
- Cafés
- Kinos
- Geschäfte
- Banken

◆ Was gibt's in Kleindorf?
○ Eine Schule.

◆ Was gibt's in Großdorf?
○ Kinos.

Es gibt
- einen Kindergarten.
- ein Kino.
- eine Schule.
- Schulen.

5 Und bei Ihnen in der Stadt / auf dem Land? Was gibt es? Schreiben Sie fünf Sätze und vergleichen Sie mit Ihrer Partnerin / Ihrem Partner.

Es gibt Banken.

Meine Stadt, meine Wohnung

GRAMMATIK UND SPRECHEN

7 🔊 **6** **Zu zweit. Hören Sie und ergänzen Sie die Vokale.**

7 🔊 **7** **Hören und wiederholen Sie.**

◆ W___ w___hnst d___?
○ ___n d___r St___dt.
◆ ___h___, ___nd w___ ___ ___st d___s s___?
○ T___ ___ ___r!

8 **Schreiben Sie Dialoge wie in 6.** Dann spielen Sie.

● ~~Stadt / teuer~~

● Zentrum / laut

● Park / super

● Baum / schön

● Land / ruhig

● Parkbank / billig

Ich wohne ...
- auf dem Baum.
- auf dem Land.
- auf der Parkbank.

Ich wohne ...
- im Park.
- im Zentrum.
- in der Stadt.

9 **Alle im Kurs. Gehen Sie umher und fragen Sie.**

◆ Wo wohnst du?
○ In ...
In der Stadt.
Auf dem Land.
In der Schmellerstraße.

◆ Und wie ist das so?
○ ☺ Super! / Toll! / Schön! Es gibt ...
☹ Langweilig. / Teuer. / ... Aber es gibt ...

● in der ...straße

TIPP
Lernen Sie Grammatik am Stück. Lernen Sie **in der Stadt** und **auf dem Land**.

SCHREIBEN

10 **Ja, das kann ich ...** Wo wohnen Sie? Zu zweit. Schreiben Sie einen Blog für *SoWohnIch.de*.

11 **Hängen Sie die Texte im Kursraum auf.** Sie können die Texte auch mit WhatsApp an alle schicken. Lesen und vergleichen Sie.

12 **Legen Sie den Text in Ihr Dossier.**

Ich wohne	*in / auf ...*
Da ist es	*laut / ruhig ...*
Es gibt	*eine Schule / Geschäfte ...*
Man kann	*einkaufen ...*
Ich bin	*in ... Minuten im Zentrum*
	in ... Minuten in ...

C

Ein Couchsurfer in Berlin

Vokabeln und Hören Möbel und Zimmer **Hören** Eine Wohnung besichtigen **Lesen und Sprechen** WG-Couch in Berlin

VOKABELN UND HÖREN

1 Starten wir! Alle im Kurs. Wo wohnen Sie? Was gibt es da?

◆ Ich wohne in der Stadt. Da gibt es ...

8 **2 Tag eins – Manu ist Couchsurfer und besucht Berlin.** Stephanie wohnt in Berlin. Manu ruft an. Zu zweit. In welcher Reihenfolge hören Sie die Wörter? Ein Wort hören Sie nicht. Welches? Unterstreichen Sie.

○ ● Fernseher ○ ● Schrank ○ ● Bett ○ ● Kühlschrank ○ ● Mikrowelle

TIPP
Schreiben Sie die Vokabeln auf Post-its und kleben Sie sie auf Ihre Möbel.

○ ● Lampe ○ ● Dusche ○ ● WC ○ ● Bild ○ ● Couch ○ ● Stuhl ○ ● Tisch

3 Wo sind die Möbel in Stephanies Wohnung? Zu zweit. Ordnen Sie die Wörter aus 2 zu.

● Wohnzimmer

........., ...
........., ...
........., ...

● Küche

........., ...

● Schlafzimmer

........., ...

● Bad

........., *das WC*

9 **4 Hören und wiederholen Sie.**

8 **5 Hören Sie 2 noch einmal.** Was antwortet Stephanie? Kreuzen Sie an.

◆ Schlafe ich denn nicht auf der Couch?
○ ○ Ja! ○ ○ Doch! ○ ○ Nein!

Ist Berlin schön?	Ist Berlin nicht schön?
Ja.	Doch!

10 **6 Zu zweit. Hören und wiederholen Sie die Sätze.** Dann schreiben Sie drei Dialoge und spielen Sie.

◆ Ist deine Wohnung nicht in Charlottenburg?
○ Doch!

Wohnung → Charlottenburg
Haus → München | Büro → Wien | ...

Meine Stadt, meine Wohnung

HÖREN

11 🔊 **7** **Zu zweit. Hören Sie und ergänzen Sie die Vokale.**

1 r…chts → **2** l…nks ← **3** h… …r ↓

12 🔊 **8** **Tag zwei – Manu ist in Berlin Kreuzberg.** Avia zeigt ihm ihre Wohnung. Hören Sie und ergänzen Sie den Plan.

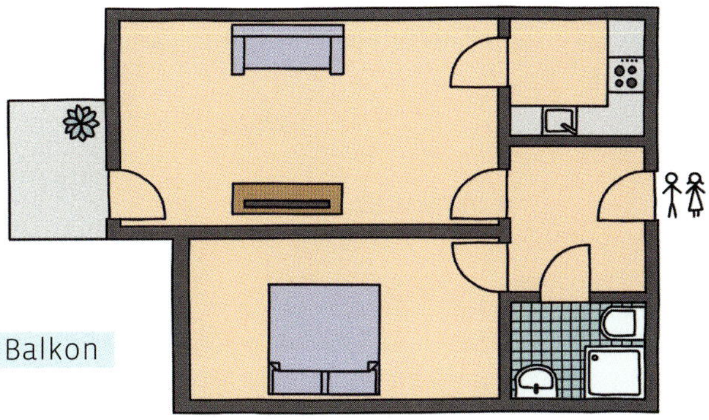

● Wohnzimmer ● Küche ● Bad ● Schlafzimmer ● Balkon

9 **Schreiben Sie einen Text über Ihre Wohnung / Ihr Haus.**

Meine Wohnung / Mein Haus hat ein Wohnzimmer … Im Wohnzimmer ist eine Couch …

10 **Zu zweit. Lesen Sie den Text vor.** Ihr(e) Partner(in) zeichnet einen Plan. Vergleichen Sie Text und Plan.

LESEN UND SPRECHEN

11 **Tag drei – Couchsurfing und leben wie ein Berliner.** Manu findet Christines Blog cool. Zu zweit. Lesen Sie und beantworten Sie die Fragen.

1 Wo ist die Wohnung?
2 Wie viele Zimmer hat die Wohnung?
3 Wie ist die Wohnung?
4 Wo ist Christines Lieblingsplatz?

www.planetbackpack.de

WG-Couch in Berlin

Meine WG ist in Berlin Mitte. Mitte ist richtig cool! Bars, Cafés und Clubs … Shopping bei Tag und Nacht. Wir wohnen ganz oben im Haus. Und Couchsurfer sind immer willkommen. Die Wohnung ist klein, aber hell und ruhig. Sie hat drei Zimmer und einen Balkon. Die Möbel sind neu und modern. Die Couch ist toll! Weiß und groß! Genau richtig für Couchsurfer! Da könnt ihr super schlafen! Das Bad ist klein und hat nur eine Dusche. Aber das ist okay. Die Küche ist super. Wir haben auch einen Grill und essen immer in der Küche. Und wo ist mein Lieblingsplatz!? Auf der Couch? Nein, mein Lieblingsplatz ist auf dem Balkon!

von Christine

EXTRAS

ganz oben
ganz unten

hell ↔ dunkel

13 🔊 **12** **Zu zweit. Hören und ergänzen Sie.** Dann spielen Sie mit *Balkon, Küche, Garten* und *Bett*.

◆ W… …st d…nn d… …n L… …bl…ngspl…tz?
○ … …f d…r C… …ch.

● auf dem Balkon	● im Garten
● auf dem Haus	● im Bett
● auf der Couch	● in der Küche

13 **Alle im Kurs. Wo ist dein Lieblingsplatz?** Machen Sie eine Umfrage.

14 **Ja, das kann ich …** Zeigen Sie ein Bild von Ihrem Lieblingsplatz auf Seite 72 oder auf dem Handy.

◆ Sieh mal, die Couch. Das ist mein Lieblingsplatz. Sie ist …

Grammatik Xpress

mehr Übungen im Arbeitsbuch und online

IN / AUF + DATIV

Der Dativ steht nach *in* und *auf*

	Wo?	
● maskulin	Im	Park.
	Auf dem	Baum.
● neutral	Im	Zentrum.
	Auf dem	Land.
● feminin	In der	Stadt.
	Auf der	Parkbank.

Wer? / Was?		*Wo?*	
Nominativ	Verb	Präposition	Dativ
Ich	wohne	in	der Stadt.
Sie	wohnt	auf	dem Land.

EXTRAS
im = in dem

1 Wo? Ergänzen Sie.

1 Es ist teuer. → *In der Stadt.* ... (in / ● Stadt)
2 Kinos sind hier. → ... (in / ● Zentrum)
3 Hier kann man joggen. → ... (in / ● Park)
4 Manchmal ist es ein bisschen langweilig. → ... (auf / ● Land)
5 Da ist es schön und ruhig. → ... (in / ● Dorf)
6 Hier wohne ich. → ... (in / ● Straße)
7 Da feiern wir. → ... (in / ● Club)

2 Ergänzen Sie.

Wo wohnst du? ● ___ ___f d___m B___ ___m. ● ___m P___rk. ● ___ ___f d___r P___rkb___nk.

● ___ ___f d___m L___nd. ● ___n d___r St___dt. ● ___m Z___ntr___m.

3 Ergänzen Sie.

im | in | aus | in der | auf dem | in der | aus der | im | aus

1 ◆ Wo wohnt sie denn?
○ ... Land.

2 ◆ Und wo joggst du heute?
○ ... Stadtpark.

3 ◆ Kommst du ... England?
○ Ja.

4 ◆ Wo ist denn der Club?
○ Hier ... Straße.

5 ◆ Kommst du ... Italien?
○ Nein, ... Schweiz.

6 ◆ Ist er ... Fitness-Studio?
○ Nein, ... Stadt.

7 ◆ Wo wohnst du?
○ ... Berlin.

4 Ergänzen Sie *in der Stadt* oder *auf dem Land*.

1 Es gibt Cafés und Restaurants: *in der Stadt*
2 Es gibt Kinos und Geschäfte: ...
3 Die Wohnungen sind klein: ...
4 Es ist grün und schön: ...
5 Martha wohnt gerne da: ...
6 Es ist langweilig: ...
7 Es ist ruhig: ...
8 Es ist teuer: ...

Meine Stadt, meine Wohnung

5 Und wo ist Ihr Lieblingsplatz? Schreiben Sie.

- Wohnzimmer / in
- Schlafzimmer / in
- Baum / auf
- Balkon / auf
- Garten / in
- Bett / in
- Küche / in
- Couch / auf

Im Wohnzimmer.

ES GIBT ...

Nach *Es gibt* ... steht der Akkusativ.

Es gibt	einen Kindergarten.
	ein Kino.
	eine Schule.
	Schulen.

Indefiniter Artikel:
Der Plural hat keinen Artikel!
Es gibt ~~die~~ Schulen.
Es gibt ~~die~~ Geschäfte.

6 *einen, ein, eine* oder kein Artikel? Ergänzen Sie.

1. der Bahnhof → Es gibt *einen* Bahnhof.
2. das Krankenhaus → Es gibt ______ Krankenhaus.
3. die Kirche → Es gibt ______ Kirche.
4. die Banken → Es gibt ______ Banken.

JA / NEIN / DOCH

				Antwort
	2			
	Ist	das Bad	groß?	Ja. ☺
	Wohnst	du	auf dem Land?	Nein. ☹
	Schlafe	ich	nicht auf der Couch?	Doch. ☺

7 *ja, nein* oder *doch*? Ergänzen Sie.

1. ◆ Ist die Wohnung denn nicht im Zentrum? ○ *Doch*, sie ist nicht weit vom Bahnhof.
2. ◆ Möchten Sie ein Haus in der Stadt? ○ ______, wir möchten ein Haus auf dem Land.
3. ◆ Ist dein Büro weit von hier? ○ ______, ich bin in zehn Minuten im Büro.
4. ◆ Ist der Kindergarten denn nicht hier? ○ ______, er ist hier in der Straße.
5. ◆ Ist das Haus teuer? ○ ______, die Miete ist zweitausend Euro.
6. ◆ Schläfst du denn nicht auf der Couch? ○ ______, heute schlafe ich auf der Couch.

8 Sortieren und schreiben Sie. Antworten Sie mit *ja* (☺), *doch* (☺) oder *nein* (☹).

1. dein Lieblingsplatz / Ist / nicht auf dem Balkon? ☺
2. du / Wohnst / nicht in Berlin Mitte? ☺
3. Ist / nicht teuer? / die Wohnung ☺
4. noch einen Tisch? / du / Kaufst ☺
5. das Bad / Hat / eine Dusche? ☹
6. die Möbel / Sind / neu? ☹

	2			Antwort
	Ist	*dein Lieblingsplatz*	*nicht auf dem Balkon?*	*Doch.*

Xtra Lesen

Meine Stadt, meine Wohnung Couchsurfing

1 **Zu zweit. Lesen Sie über Couchsurfing und kreuzen Sie an.** Was ist richtig?

- ○ **1** Sie suchen Luxushotels in Großstädten? Dann ist Couchsurfing die Webseite für Sie.
- ○ **2** Sie sind Surfer und suchen eine Couch? Lesen Sie *www.couchsurfing.org*.
- ○ **3** Sie suchen ein Zimmer für eine Nacht? Gratis und bei Freunden? Dann sind Sie bei Couchsurfing richtig.

> Besuchen Sie Berlin, Wien, Moskau oder Tokio. Teuer!? Aber nein! Gratis schlafen, ganz privat. In 62.000 Städten! Das machen heute drei Millionen Couchsurfer aus 230 Ländern.
>
> Und Couchsurfer sehen mehr. Kommen Sie nach Berlin, und leben Sie wie ein Berliner! Treffen Sie Freunde und Couchsurfer in Wien, und sehen Sie die Stadt wie die Wiener! ... **Mehr unter: www.couchsurfing.org**

EXTRAS
gratis = kostet kein Geld

2 **Zu zweit. Lesen Sie die Profile.** Wer wohnt wo? Ergänzen Sie die Namen.

www.couchsurfing.org

Marina, 32
Wir wohnen in Korneuburg. Das ist nicht weit von Wien. Wir haben ein Haus mit Garten. Das Haus ist groß, und der Garten ist wunderschön. In Korneuburg gibt es eine S-Bahn, Geschäfte und Cafés. Wir haben ein Gästezimmer mit zwei Betten. Bis bald!

Clemens, 23
Hi! Ich wohne in Solingen. Das ist bei Düsseldorf. Es gibt eine S-Bahn. Da bist du in zwanzig Minuten in Düsseldorf. Mein Haus ist klein, aber es ist ruhig und schön. Es hat zwei Schlafzimmer. Du kannst also im Bett schlafen. Nur am Wochenende, bitte!

Anna, 28
Hallo! Ich zeige dir Berlin! Das richtige Berlin! Ich wohne in Charlottenburg. Meine Wohnung ist modern und praktisch. Auf der Straße gibt es eine Bäckerei. Die ist super! Die Wohnung ist in der dritten Etage. Gäste können auf der Couch im Wohnzimmer schlafen. Couchsurfer sind immer willkommen. Auch am Wochenende.

3 **Lesen Sie die Texte noch einmal und ergänzen Sie.**

Drei Wörter für Zimmer: *Wohnzimmer,* ....
Adjektive für Wohnung / Haus: *modern,* ....

4 **Schreiben Sie Ihr Profil für Couchsurfing.** Hängen Sie die Texte im Kursraum auf und vergleichen Sie. Wer möchte wo schlafen?

◆ Ich schlafe bei Amanda. Die Wohnung ist super. ○ Ich ...

Wie, wo und wann?

Wetter heute
2. Oktober 09:00 Uhr

ROM 22°C
1 ....

ZÜRICH 16°C
2 ....

BERLIN 5°C
3 *Regen*

MOSKAU −2°C
4 ....

14 **1** **Zu zweit. Wetter-Apps.** Lesen Sie, hören Sie und schreiben Sie die Wetter-Wörter.

● Sonne ● ~~Regen~~ ● Schnee ● Wolken

15 **2** **Ordnen Sie zu.** Dann hören und prüfen Sie.

1 Rom, 22°C — **a** Es regnet. Es ist kühl.
2 Zürich, 16°C — **b** Es ist sonnig und warm.
3 Berlin, 5°C — **c** Es schneit. Es ist kalt.
4 Moskau, −2°C — **d** Es ist bewölkt.

A

Sonnig und warm

Vokabeln Temperaturen / Datum **Hören und Schreiben** Wettervorhersage **Sprechen** Wie ist das Wetter heute?

VOKABELN

1 ***kalt, kühl, warm*** **oder** ***heiß?*** Was sagen Sie in Ihrem Land? Was sagt man in Ihrem Lieblingsland? Alle im Kurs. Zeigen Sie auf eine Temperatur, auf ein Land und sprechen Sie.

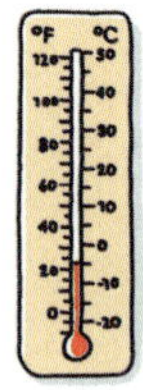

- ◆ Plus 5 Grad. Das ist hier in ... kalt. Sehr kalt!
- ○ In Finnland ist das kühl.
- ▲ Und 25 Grad in Finnland. Das ist sehr warm. Das ist heiß!

16 **2** **Zu zweit. Hören und wiederholen Sie.** Sprechen und variieren Sie mit Städten in Übung 2 auf Seite 77.

- ◆ Wie ist das Wetter am zweiten Oktober in Rom?
- ○ Es ist sonnig und warm.

EXTRAS

Wir sagen: 5°C = (plus) 5 Grad
−2°C = minus 2 Grad

EXTRAS

3 **Ordnen Sie zu.**

1 am 1. März	**a** am neunten September
2 am 5. Mai	**b** am fünften Mai
3 am 23. Februar	**c** am fünfzehnten Dezember
4 am 15. Dezember	**d** am dreiundzwanzigsten Februar
5 am 9. September	**e** am ersten März

TIPP

Haben Sie ein Smartphone? Dann laden Sie eine Wetter-App (Version Deutsch) und lesen Sie sie jeden Tag.

17 **4** **Hören und wiederholen Sie.**

1. am **ersten**
2. am zwei**ten**
3. am **dritten**
4. am vier**ten**
5. am fünf**ten**
6. am sechs**ten**
7. am sieb**ten**
8. am ach**ten**
9. am neun**ten**
10. am zehn**ten**

HÖREN UND SCHREIBEN

18 **5** **Zu zweit. Hören und ergänzen Sie.**

● M...rg...n ● V...rm...tt...g ● M...tt...g ● N...chm...tt...g ● ...b...nd ● N...cht

Wie, wo und wann?

6 **Wann?** Ordnen Sie zu.

am Vormittag | am Abend | am Nachmittag | am Morgen

1 06:00 – 09:00 ....
2 10:00 – 12:00 ....
3 14:00 – 17:00 ....
4 18:00 – 22:00 ....

Wann?
- am Vormittag
- in der Nacht

Wo?
im Norden / Süden
im Westen / Osten

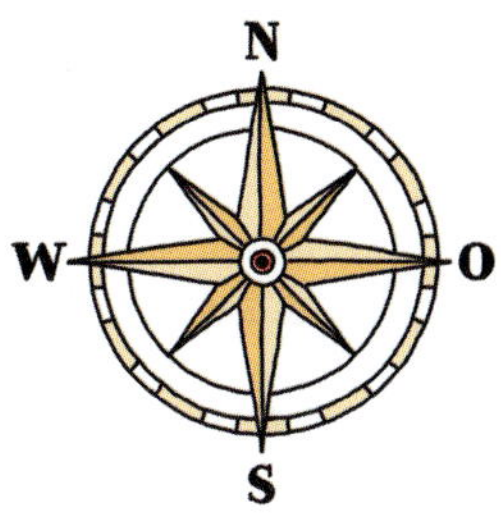

19 **7** **Wie ist das Wetter?** Sonne oder Regen? Hören Sie und kreuzen Sie an.

	im Norden	im Süden
am Vormittag	○ Sonne ○ Regen	○ Sonne ○ Regen
am Nachmittag	○ Sonne ○ Regen	○ Sonne ○ Regen

19 **8** **Hören Sie noch einmal und ordnen Sie zu.**

im Norden		bis 16 Grad
im Norden	am Vormittag	bis 24 Grad
im Süden	am Nachmittag	5 Grad
im Süden		bis 22 Grad

EXTRAS
bis 20 Grad = ≤ 20 Grad

9 **Alle im Kurs. Arbeiten Sie mit der Wetter-App auf Seite 149.** Wählen Sie eine Stadt und schreiben Sie eine Wettervorhersage. Lesen Sie vor und vergleichen Sie.

Das Wetter in Wien
Am Morgen noch kühl, 8 Grad und ...
Auch am Vormittag ...

SPRECHEN

20 **10** **Martha ist auf einem internationalen Architekten-Kongress in Zürich.** Sie telefoniert mit Paul. Wie ist das Wetter in Berlin? Hören Sie und kreuzen Sie an.

○ Es ist warm. ○ Es ist kühl. ○ Es ist kalt.
○ Die Sonne scheint. ○ Es regnet. ○ Es schneit.

es regnet	es ist warm
es schneit	es ist kalt

11 **Zu zweit.** ***Gut*** **oder** ***schlecht*****?** Kopf oder Zahl? Spielen Sie.

=
◆ Wie ist das Wetter?
○ Schön. Die Sonne ...

=
◆ Wie ist das Wetter?
○ Schlecht. ...

EXTRAS
schön ↔ schlecht

12 **Ja, das kann ich ...** Partner(in) A ◆ fragt. Partner(in) B ○ sucht in der Wetter-App auf Seite 147 und antwortet.

◆ Wie ist das Wetter heute in Hamburg / Salzburg / Dresden?
○ Es ist schön. Die Sonne ...
schlecht. ...

B Bei Wind und Wetter

Lesen und Grammatik Perfekt / Präteritum **Hören** Wie war das Wetter? **Sprechen** Mein Lieblingsmonat

LESEN UND GRAMMATIK

1 Starten wir! Alle im Kurs. Sammeln Sie Wetter-Wörter an der Tafel: 2 Nomen, 2 Adjektive und 2 Verben.

2 Zu zweit. Ordnen Sie zu.

1 ◯ Von A nach B.
2 ◯ Ich bin kaputt.
3 ◯ Bei Wind und Wetter.

A

B

C

3 Zu zweit. Sehen Sie das Foto an und lesen Sie nur Teil 1 des Textes (rot). Was ist richtig?

○ Farmen und Cowboys gibt es auch in Berlin. ○ Fahrradkuriere fahren immer.

www.arte.infothek.de

Die Cowboys von Berlin

In Berlin gibt es über 300 Fahrradkuriere. Sie sind die „Cowboys von Berlin" und fahren und fahren ... von A nach B, bei Wind und Wetter.

Chris ist 24. Er ist aus Dresden und seit zwei Jahren in Berlin. Sein Job: Er ist Fahrradkurier. „Mein Smartphone, mein Fahrrad und Berlin ... Wow, das ist cool!", so Chris in einem Interview. Er lacht und sagt: „In Dresden war ich Banker. Mann, war das langweilig!"
Chris fährt für *messenger*. Das ist ein Kurierservice in Berlin Mitte. Sechs Stunden am Tag arbeitet er. Regen und Schnee? Wind und Sonne? Kein Problem. Chris fährt immer.
Und ist das wirklich immer cool? Na ja, hier Chris an einem Abend im Januar: „Brrr ... Es war richtig kalt heute! Am Vormittag hat es noch geregnet. Ich war in Wilmersdorf und am Südkreuz. Und am Nachmittag dann Schnee! Es hat drei Stunden geschneit. Sechs Jobs in Mitte, dann zwei Jobs in Charlottenburg. Ich bin kaputt! Total kaputt!"
Aber Chris ist glücklich. Er liebt den Job und er liebt Berlin, seine Stadt.

4 Zu zweit. Lesen Sie nun den ganzen Text. Dann fragen und antworten Sie.

1 Wie viele Fahrradkuriere gibt es in Berlin?
2 Wie alt ist Chris?
3 Woher kommt er?
4 Was braucht er für seine Arbeit?
5 Wie findet Chris die Arbeit bei der Bank?
6 Wie heißt der Kurierservice?
7 Wie viele Stunden am Tag arbeitet Chris?
8 Wie findet Chris die Arbeit als Fahrradkurier?

5 Alle im Kurs. Und in Ihrer Stadt / Region? Gibt es einen Kurierservice? Wie heißt er?

◆ In ... gibt es ...

6 Zu zweit. ***ist*** **oder** ***war*****?** Lesen Sie den Text noch einmal und ergänzen Sie.

In Berlin:
Chris ________ Fahrradkurier. Das ________ cool!

In Dresden:
Chris ________ Banker. Das ________ langweilig.

Wie, wo und wann?

7 **Wie war das Wetter heute, Chris?** Sortieren Sie die Karten und schreiben Sie Sätze.

Es war richtig …

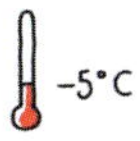

CHTIG KA | ES WAR RI | UTE. | LT HE

TAG HAT E | REGNET. | AM VORMIT | S NOCH GE

ITTAG H | SCHNEIT. | AT ES GE | AM NACHM

8 **Zu zweit. Ergänzen Sie die Tabelle rechts.**

Es *war* richtig kalt.	Es .... heute .... regnet.
Das .... langweilig.	Es .... am Vormittag .... schneit.

HÖREN

9 **Zu zweit. Ordnen Sie zu.**

gestern | ~~heute~~ | morgen

Dienstag	Mittwoch	Donnerstag
	heute	

EXTRAS
morgen ≠ am Morgen

21 **10** **Hören Sie die Oktober-Podcasts und ergänzen Sie die Städte.**

Pierro *Rom* .... Paul .... Natascha .... Martha ....

21 **11** **Hören Sie noch einmal und ordnen Sie zu.**

1 Es war gestern schön hier.
2 Das Wetter war gestern so schlecht.
3 Aber gestern hat es geschneit.
4 Es war gestern bewölkt.

a Und es war kalt.
b Es war sonnig und warm.
c Aber es war nicht kalt.
d Es hat geregnet und es war richtig kühl.

SPRECHEN

12 **Zu zweit. Zeigen Sie auf ein Bild und sprechen Sie über das Wetter.**

◆ Wie war das Wetter gestern / am Wochenende?
○ Es war ... Es hat ...

−2°C +5°C +22°C

22 **13** **Emma und ihre Freundin.** Zu zweit. Hören Sie, dann sortieren und schreiben Sie.

Kühl! Und es hat geregnet. | Wie war denn dein Wochenende, Emma? | Stimmt! Und wie war das Wetter? | Ich war in Österreich. | Oje!

◆ *Wie war denn …?*
○ *Ich …*

23 **14** **Zu zweit. Hören und wiederholen Sie.** Schreiben Sie zwei Dialoge und variieren Sie Länder und Wetter. Dann spielen Sie.

ich war

◆ Ich war in Österreich. ○ Und wie war das Wetter? ◆ Super! Viel Sonne und es war warm.

15 **Ja, das kann ich …** Sprechen Sie über Ihren Lieblingsmonat.

◆ Mein Lieblingsmonat ist der Mai. Es ist oft warm. Und man kann …

Mai: Nina, Mario …

C Wo bist du geboren?

Vokabeln und Sprechen … *ist geboren* / Jahreszahlen **Lesen und Grammatik** Dativ, indefiniter Artikel
Sprechen und Schreiben Wann und wo?

VOKABELN UND SPRECHEN

1 Starten wir! Emilia oder Elias? Lesen und antworten Sie.

1 Wer ist am 24. März geboren?
2 Wer ist 48 Zentimeter groß?
3 Wer ist am 5. Februar geboren?
4 Wer ist 51 Zentimeter groß?

Ich	bin am … geboren.
Er / Sie	ist am … geboren.
Wer	ist am … geboren?

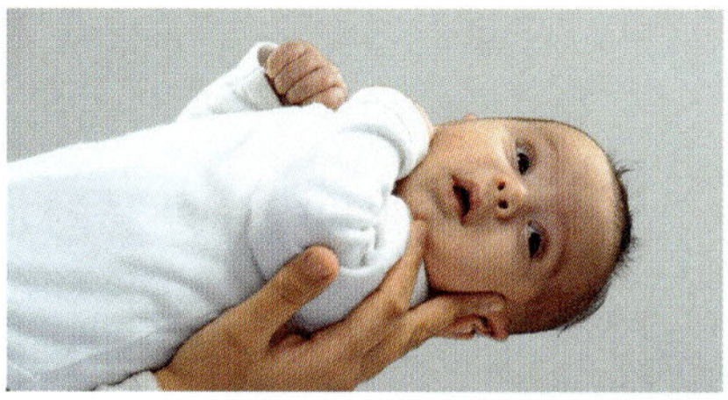

Emilia
5. Februar 20…
3.200 Gramm
48 Zentimeter

Elias
24. März 20…
3.700 Gramm
51 Zentimeter

24 **2 Jahreszahlen. Hören und wiederholen Sie.**

1997 1973 1985 2003 2016

EXTRAS
1 9 9 8
neunzehnhundert achtundneunzig
2 0 1 7
zweitausend siebzehn

3 Spielen Sie. Partner(in) A ◆ sagt eine Jahreszahl.
Partner(in) B ○ schreibt die Zahl und sagt das Jahr davor und danach.

◆ Zweitausendsiebzehn.
○ Zweitausendsechzehn. Zweitausendachtzehn.

zweitausendsiebzehn

LESEN UND GRAMMATIK

25 **4 Zu zweit. In welcher Reihenfolge hören Sie die Wörter?** Sortieren Sie.

○ ● Autobahn

○ ● ICE

○ ● Taxi

5 Zu zweit. Lesen Sie und ergänzen Sie die Wörter aus 4.

julia.online

Wo bist du denn geboren?

Normale und nicht so normale Geburtsorte

Marianna, *Frankfurt:* Ich bin zu Hause geboren. Und meine ganze Familie war da. Auch meine Großeltern.
Liliana, *Potsdam:* Auf dem Frankfurter Flughafen. Zum Glück gibt es da ein Krankenhaus.
Johanna, *Wien:* Ich bin in einem *ICE* geboren. Zwischen Hamburg und München. Zum Glück war ein Arzt da.
Julian, *Düsseldorf:* In einem ………… . Wir waren auf einer ………… nicht weit von Düsseldorf.
Ben, *München:* Ich bin ganz normal in einem Krankenhaus geboren. Wie langweilig!

EXTRAS

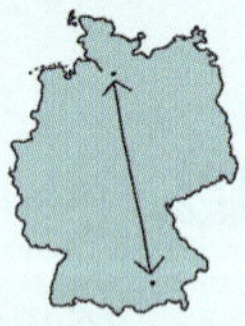
zwischen Hamburg und München

zu Hause

zum Glück

Wie, wo und wann?

6 **Lesen Sie 5 noch einmal und ergänzen Sie die Tabelle rechts.**

7 **Zu zweit. Zeigen Sie auf einen Namen in 5 und fragen und antworten Sie.**

◆ Wo ist Marianna geboren? ○ Zu Hause. Und wo ist …

8 **Alle im Kurs. Machen Sie ein Kettenspiel.**

◆ Mario, wo bist du geboren? →
○ In … / Zu … Und Feng, wo bist du geboren? → ▲ In …

9 **Unterstreichen Sie *war* / *waren* in 5 und ergänzen Sie die Tabelle rechts.**

10 ***war* oder *waren*?** Lesen und unterstreichen Sie.

Anika, *Berlin:* Ich bin in einer U-Bahn in Berlin geboren. Wir *war / waren* am Potsdamer Platz. Zum Glück *war / waren* ein Arzt in der U-Bahn.

11 **Machen Sie eine Tabelle und schreiben Sie Fragen mit *Bist du …?***

~~in Köln~~ | 1980 | im Januar | in Italien | am 1. Mai | in Berlin

	2			Ende
	Bist	*du*	*in Köln*	*geboren?*

Wo?
● in .... ICE
● in .... Taxi
● in einer U-Bahn
● auf einem Flughafen
● auf einem Bett
● auf .... Autobahn

er / es / sie	....
wir	....

Bist du in Berlin geboren?
Bist du am …

SPRECHEN UND SCHREIBEN

12 **Bingo! Zu zweit.**
Spielen Sie.

Wo?		Wann?	
in einem Taxi	in Berlin	1976	2. Juli
in einem Bus	in Köln	1988	23. Januar
in einem Hotel	in Wien	1980	14. September
in einem Krankenhaus	in Basel	1994	5. Dezember

Partner(in) A ◆ wählt aus *Wo?* und *Wann?* und schreibt vier Sätze.
Partner(in) B ○ sieht die Sätze nicht.
Partner(in) B ○ fragt: ○ Bist du in / 19… / am … geboren?
Partner(in) A ◆ antwortet. ◆ Ja. / Nein.

Ich bin in einem …
Ich bin 19…
Ich bin in …
Ich bin am …

Die Partner spielen, bis die Antwort dreimal richtig ist!
Partner(in) B ○ ruft „Bingo“. Die Partner tauschen die Rollen.

13 **Ja, das kann ich …** Alle im Kurs. Stellen Sie sich nach Ihrem Geburtsdatum auf: von Januar bis Dezember.

◆ Wann bist du geboren? ○ Am zwölften Dezember. Und du?

Wann?
Am fünften Dezember.
Am ersten Januar.

Wann bist du geboren?

Lebenslauf

Vokabeln Persönliche Daten **Hören** Telefoninterview **Schreiben** Mein Leben

VOKABELN

1 **Starten wir!** Zu dritt. Nehmen Sie ein Smartphone und öffnen Sie den Kalender. Wählen Sie ein Datum und schreiben Sie einen Namen. Geben Sie das Smartphone weiter und fragen Sie.

◆ Wann hat Nina Geburtstag? ○ Am dritten August.

2 **Lernen und studieren.** Zu zweit. Ergänzen Sie.

● Universität ● Schule ● Kindergarten

Montessori-............, Stuttgart

Albert-Einstein-............, Berlin

............, Wien

26 **3** **Persönliche Daten.** Zu zweit. Hören Sie und notieren Sie.

Geburtsdatum: *23. Januar* Hausnummer: .... Postleitzahl: ....

26 **4** **Hören Sie noch einmal und ordnen Sie zu.**

1 ○ ● Nachname **2** ○ ● Vorname **3** ○ ● Geburtsort **4** ○ ● Familienstand **5** ○ ● Straße

a Weserstraße **b** Zürich **c** Emma **d** Vogt **e** ledig

5 **GermanAir sucht Praktikanten.** Emma schickt den Lebenslauf online. Lesen und ergänzen Sie.

ledig Zürich Musik Englisch Handynummer

GermanAir.com

online bewerben
→ einfach downloaden, ausfüllen und unterschreiben

Lebenslauf

Persönliche Daten

Vorname / Nachname:	Emma Vogt
Geburtsdatum:	23. Januar 1994
Geburtsort:	(1) ....
Familienstand:	(2) ....
Straße / Hausnummer:	Weserstraße 22
Postleitzahl / Ort:	12047 Berlin-Neukölln
(3) ....:	0160 960 223 607
E-Mail:	emma@web.de

....
Unterschrift

Schule / Universität
Schule (Hohe Promenade, Gymnasium Zürich) von 20... bis 20...

Studium Psychologie, University of London von August bis Dezember 20...
Studium Psychologie, Freie Universität Berlin von 20... bis heute

Fremdsprachen
(4) ...., Französisch, Italienisch

Interessen, Hobbys
Reisen, (5) ...., Sport

Wie, wo und wann?

HÖREN

27 🔊 **6** **GermanAir macht ein Telefoninterview mit Emma.** Zu zweit. Was hören Sie *nicht* im Interview? Raten und unterstreichen Sie. Dann hören und prüfen Sie.

● Party ● Abitur ● Mutter ● Lebenslauf Englisch ● Hobby ● Möbel

EXTRAS
● Abitur = nach 12 Jahren Schule bekommt man das Abitur

27 🔊 **7** **Lesen Sie das Interview und sortieren Sie.** Hören Sie noch einmal und prüfen Sie.

(1) **GermanAir: ... Also, Sie kommen aus Zürich?**
○ **Ah, und Fremdsprachen? Sprechen Sie gut Englisch?**
○ **Haben Sie einen Beruf gelernt?**
○ **Gut! Und Französisch?**
○ Emma: Ja, und ich wohne in Berlin. In Zürich habe ich das Gymnasium besucht. Und da habe ich auch die Matura ... eh ... das Abitur gemacht.
○ Ich kann auch Französisch und ein bisschen Italienisch. Das habe ich in der Schule gelernt.
○ Ja, sehr gut. Ich habe fünf Monate in England gelebt und studiert.
○ Nein, ich studiere Psychologie.
(9) **Und haben Sie Hobbys? ...**

8 **Machen Sie eine Tabelle und ergänzen Sie die Sätze.**

~~Haben Sie einen Beruf gelernt?~~ In Zürich habe ich das Gymnasium besucht. Da habe ich auch das Abitur gemacht. Ich habe in England studiert.

	2			Ende
	Haben	*Sie*	*einen Beruf*	*gelernt?*
In Zürich	*habe*	*ich*	*...*	*...*

ich habe gemacht
ich habe gelernt
ich habe gelebt
ich habe besucht
ich habe studiert
Ich habe in England gelebt.

SCHREIBEN

9 **Und Ihr Lebenslauf?** Schreiben Sie ins Heft.

Vorname: ...
Nachname: ...
Geburtsdatum: ...
Geburtsort: ...

Schule(n): von ... bis ...
Beruf gelernt / Universität: von ... bis ...
Fremdsprachen: ...
Interessen / Hobbys: ...

10 **Zu zweit. Sortieren und schreiben Sie die Fragen.**

Wo wohnst du?

1 Wo / du? / wohnst
2 bist / Wann / du / geboren?
3 Wo / du / geboren? / bist
4 hast / Was / du / studiert?
5 du / Was / hast / gelernt?
6 arbeitest / Wo / du?
7 Bist / verheiratet? / du
8 Hast / Kinder? / du
9 sind / Was / deine / Hobbys?

11 **Ja, das kann ich ...** Fragen Sie Ihre Partnerin / Ihren Partner und notieren Sie die Information. Dann berichten Sie im Kurs.

Das ist ...
Sie / Er ist 19... in ... geboren.
Sie / Er hat Koch / ... gelernt.
Sie / Er ist ledig / verheiratet.
Ihre / Seine Hobbys sind ...
Sie / Er hat Psychologie / ... studiert.

Sie / Er wohnt ...
Sie / Er arbeitet bei ...
Sie / Er hat ...

Grammatik Xpress

mehr Übungen im Arbeitsbuch und online

ORDINALZAHLEN

1 **Ergänzen Sie.**

1 bis 19 + -ten		20 bis ... + -sten
1. am ersten !	6. am sechsten	20. am zwanzigsten
2. am zweiten	7. am siebten	21. am einundzwanzigsten
3. am dritten !	8. am achten	22. ....
4. am vierten	... ...	23. ....
5.	19. am neunzehnten	24. ....

DATIV

Wann?	
● Am Morgen. ● Am Vormittag.	● Am Nachmittag. ● Am Abend.
● In der Nacht.	● Am dritten Juli.

Wo?
Im Norden. / Süden. Im Westen. / Osten.
Zwischen Hamburg und München.

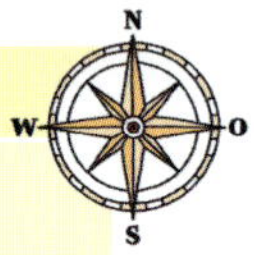

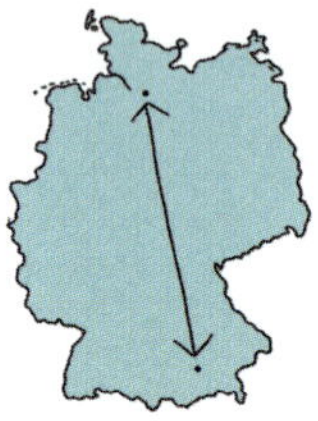

Der Dativ steht nach den Präpositionen *in* und *auf*.

Wo? – Sie ist ... geboren.		
● maskulin	in einem ICE	auf einem Flughafen
● neutral	in einem Krankenhaus	auf einem Bett
● feminin	in einer U-Bahn	auf einer Couch

Wer?		*Wo?*		
Nominativ	Verb	Präposition	Dativ	
Sie	ist	in	einem ICE	geboren.

2 **Antworten Sie mit *in / auf einem* oder *in / auf einer*.**

1. In einem Krankenhaus.

1 Wo ist Fabio geboren? (● Krankenhaus)
2 Wo ist Kati geboren? (● Bus)
3 Wo ist Karin geboren? (● U-Bahn)
4 Wo ist Sophie geboren? (● Auto)
5 Wo ist Laura geboren? (● ICE)
6 Wo ist Jan geboren? (● Flughafen)

PRÄTERITUM VON *SEIN*

	sein
ich	war
er / es / sie	war
wir	waren

war im Satz:

	2		Ende
Ich	war		in Österreich.
Es	war	gestern	kühl.

Wie, wo und wann?

3 Ergänzen Sie *war* oder *waren*.

◆ Ist Laura da?
○ Nein, sie (1) *war* .... am Vormittag da.

◆ Wie ist das Wetter?
○ Sehr schön. Aber gestern (2) .... es kühl.

◆ Kommt, wir gehen ins Kino.
○ Nein, wir (3) .... gestern im Kino.

◆ Kommt der Arzt heute?
○ Nein, er (4) .... gestern da.

◆ Wie (5) .... das Wochenende?
○ Toll! Wir (6) .... in Österreich.

PERFEKT

haben + Partizip Perfekt			
Es	hat	gestern	geschneit.
Ich	habe	Deutsch	gelernt.
Ich	habe	in Köln	studiert.
Ich	habe	die Schule	besucht.

Infinitiv → Partizip Perfekt			
schneien*	→	geschneit	ge- ...t
lernen	→	gelernt	ge- ...t
studieren	→	studiert	...t
besuchen	→	besucht	...t

**So auch:* *regnen, leben, machen, wohnen*

Perfekt mit *haben* im Satz:

	2			Ende
Es	hat		gestern	geschneit.
Ich	habe		das Gymnasium	besucht.
Dann	habe	ich	in Köln	studiert.

4 Ergänzen Sie *war* oder *hat*.

◆ Wie (1) *war* .... das Wetter gestern?
○ Es (2) .... schön hier. Sonnig und warm.

◆ Wie (3) .... das Wochenende?
○ Super! Ich (4) .... in Italien.

◆ Wie (5) .... das Wetter?
○ Na ja, es (6) .... geregnet und es (7) .... kühl.

◆ Ich (8) .... in Österreich.
○ Und das Wetter?
◆ Na ja, es (9) .... oft geschneit.

BIN GEBOREN

		2			Ende
Satz:	Ich	bin		in Köln	geboren.
Ja- / Nein-Frage:		Bist	du	in Köln	geboren?
W-Frage:	Wann	bist	du		geboren?

5 Schreiben Sie.

1 Angela Merkel | Hamburg
2 Sebastian Vettel | 1987
3 Sophie Scholl | 1921
4 Goethe | Frankfurt
5 Einstein | 1879
6 Mark Zuckerberg | New York

1. Angela Merkel ist in Hamburg geboren.

Xtra Lesen

Wie, wo und wann? Rose

1 **Woher kommt Rose?** Zu zweit. Sortieren Sie die *Wörter* und ergänzen Sie das Kreuzworträtsel. Sortieren Sie die Buchstaben in den gelben Kästchen und Sie haben das Land.

Senkrecht

1 Die *Haputsatdt* ist Nairobi.

Waagerecht

2 Das Land liegt in *rAfika*
3 Die Leute sprechen *Enlgsich* und Swahili.
4 Es ist da immer sehr *wram*.
5 Barack Obamas *taVer* ist da geboren.

2 **Lesen Sie über Rose und ergänzen Sie die Jahreszahlen.**

Heute | 1992 bis 2001 | 1986 bis 1988 | 1980 | 1988 | 2002 bis 2005

Rose ist .... in Nairobi geboren. Nairobi liegt in Afrika und ist die Hauptstadt von Kenia. Roses Mutter war Lehrerin. Ihren Vater kennt Rose nicht. Von .... hat Rose die St. Mary's Schule, eine Primarschule in Nairobi, besucht. Seit Dezember .... ist sie mit ihrer Mutter in Deutschland. Die ersten Stationen waren Frankfurt und München, dann Berlin. Und in Berlin wohnt Rose noch heute. Rose hat die Anna-Lindh-Schule in Berlin Wedding besucht und sehr schnell Deutsch gelernt.
Von .... hat sie das Gymnasium besucht und Abitur gemacht. Das war nicht leicht, aber Rose hat hart gearbeitet. Rose hat Fremdsprachen immer geliebt. Und von .... hat sie Übersetzen und Dolmetschen für Englisch, Französisch und Deutsch studiert. .... arbeitet Rose bei Siemens in Berlin. Sie ist verheiratet und hat zwei Kinder.

Anna-Lindh-Schule, 1989

EXTRAS

Seit ⋮ Dezember ...
⋮ Januar ...

langsam ↔ schnell

dolmetschen

3 **Zu zweit. Mein Leben.** Schreiben Sie über Rose.

○ **1** **1980** (in Nairobi geboren)
○ **2** **1986 bis 1988** (die St. Mary's Schule in Nairobi besuchen)
○ **3** **1988 bis 1992** (die Anna-Lindh-Schule in Berlin Wedding besuchen)
○ **4** **1992 bis 2001** (das Gymnasium besuchen)
○ **5** **2001** (Abitur machen)
○ **6** **2002 bis 2005** (Dolmetschen studieren)
○ **7** **heute** (arbeiten, verheiratet, zwei Kinder)

28 🔊 **4** **Hören Sie. Anna spricht über Rose.** Aber zwei Jahreszahlen sind falsch. Welche? Markieren Sie in 3.

8 Starten wir!

Unterwegs

Carsharing
Ein super Feeling!

Straßenbahnen **und U-Bahnen**
In der Stadt: billig von A nach B.

.... Billig und schnell,
aber laut und nicht gut für die Umwelt

.... Schnell und bequem.

Elektroautos
Einfach elektrisch.

Autos Teuer und oft im Stau.

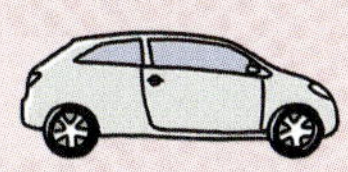

Fahrräder Kann man auch mieten. Gut für die Umwelt!

Busse Ideal für Stadt und Land.

.... Bequem, aber teuer.

1 **Alle im Kurs.** Sehen Sie die Bilder an und ergänzen Sie die Verkehrsmittel.

~~Straßenbahnen~~ Taxis Züge Flugzeuge

2 **Lesen Sie die Texte.** Was ist richtig, was ist falsch, was ist nicht im Text? Kreuzen Sie an.

	richtig	*falsch*	*nicht im Text*
1 In der Stadt sind Autos oft langsam.	○	○	○
2 Taxis sind schnell und billig.	○	○	○
3 Straßenbahnen und U-Bahnen gibt es auch auf dem Land.	○	○	○
4 Busse sind sehr gut, auch auf dem Land.	○	○	○
5 Züge fahren immer, auch nachts.	○	○	○
6 Radfahren ist gut für Tiere und Menschen.	○	○	○
7 Radfahren macht Spaß.	○	○	○

3 **Welche Verkehrsmittel gibt es in Ihrer Stadt?**

Ich fahre mit …

Vokabeln Verkehrsmittel **Lesen und Grammatik** *mit* + Dativ **Sprechen** Verkehrsmittel in meiner Stadt

VOKABELN

29 **1** **Zu zweit. Suchen Sie den Singular in der Wortliste im Anhang und ergänzen Sie.** Dann hören und prüfen Sie.

das Auto	● Autos	....	● Busse	....	● U-Bahnen
....	● Flugzeuge	....	● Züge	....	● Straßenbahnen

LESEN UND GRAMMATIK

2 **Zu zweit. Lesen Sie den Text.** Welche Überschrift passt? Ergänzen Sie.

Fährst du mit dem Bus? **Büro, Uni, Schule: Wie kommst du hin?** **Verkehrsmittel gestern und heute**

www.einsonline.de

Nur eine Frage!

....

◯ **a** Hallo, ich bin Lara und wohne in Berlin. Ich studiere noch. Ich gehe zu Fuß oder fahre mit dem Fahrrad. Die Universität ist nicht weit.

◯ **b** Hallo, mein Name ist Christine. Ich komme aus Düsseldorf. Ich wohne in der Stadt und brauche kein Auto. Bei uns gibt es DriveNow. Das ist Carsharing, und da mache ich mit. Manchmal nehme ich ein Auto und fahre ins Büro oder zum Shoppen. Oder ich miete ein Elektroauto. Das macht Spaß, ist cool und gut für die Umwelt.

◯ **c** Ich heiße Daniel und bin aus Wien. Ich mache gerade Abitur, und ich habe kein Auto. Oft fahre ich mit der U-Bahn oder mit der Straßenbahn. Ich kann auch mit dem Bus fahren. Die Bushaltestelle ist gleich hier in der Josefstädterstraße.

◯ **d** Hi, ich bin Philipp aus Hamburg. Mein Büro ist nicht weit. Aber mit dem Auto? Nein, das ist Stress! Und das ist langsam, denn es gibt so viel Verkehr und immer Staus! Manchmal fahre ich mit dem Fahrrad ins Büro. Dann miete ich ein Fahrrad von CityBike. Rad fahren ist einfach toll! Schnell und billig! Und ich bleibe fit!

EXTRAS

● Verkehrsmittel = Auto, Bus etc.
● Verkehr

zu Fuß

TIPP

Lesen Sie Überschriften immer genau. Sie sagen, was im Text wichtig ist.

3 **Zu zweit. Lesen Sie noch einmal und ordnen Sie die Texte und Fotos zu.**

4 **Zu zweit. Ordnen Sie die Fragen und Antworten zu.**

1 Was macht Lara?
2 Wohnt Christine auf dem Land?
3 Was ist DriveNow?
4 Fährt Daniel mit dem Auto?
5 Wie kommt Philipp manchmal ins Büro?

a Nein, er fährt mit der U-Bahn oder mit dem Bus.
b Er fährt mit dem Fahrrad.
c Nein, sie wohnt in der Stadt.
d Das ist Carsharing.
e Sie studiert.

5 **Alle im Kurs. Gibt es einen Service wie CityBike oder DriveNow bei Ihnen?**

◆ Ja, hier in ... gibt es ... ○ Nein, gibt es nicht.

6 **Ordnen Sie zu und schreiben Sie.** Es gibt mehr als eine Möglichkeit. Wer findet die meisten Kombinationen?

in der Stadt | fit | mit dem Auto | Spaß | einen Mini | kein Auto | ~~zu Fuß~~

nehmen | brauchen | mieten | fahren | machen | wohnen | bleiben | haben | ~~gehen~~

zu Fuß gehen

7 **Unterstreichen Sie in 2 alle Formen mit *mit* + Nomen.** Ergänzen Sie *dem* oder *der*.

● mit .... Bus
● mit .... Fahrrad
● mit .... U-Bahn

8 **Zu zweit. Ordnen Sie die Piktos zu.**

Wir fahren ...
1 ○ mit dem Auto.
2 ○ mit dem Bus.
3 ○ mit der Straßenbahn.
4 ○ mit der U-Bahn.
5 ○ mit dem Zug.
6 ○ mit dem Fahrrad.
7 ○ mit dem Motorrad.

9 **Und wie kommen wir in die Stadt?** Sprechen Sie und variieren Sie mit den Verkehrsmitteln in 8.

◆ Fahren wir mit dem Bus? ○ Mit dem Bus? Nein! Wir fahren mit der U-Bahn.

SPRECHEN

30 🔊 **10** **Zu zweit. Hören Sie Amanda, Emilia und David und sortieren Sie.**

○ ○ Nein, mit dem Auto.
○ ◆ Mit der U-Bahn oder mit dem Bus.
○ ▲ Wie kommst du ins Büro, Emilia? Zu Fuß?
○ ▲ Ah, okay. Und du, David?

11 **Zu dritt. Schreiben Sie Dialoge wie in 10 und variieren Sie.** Dann spielen Sie.

in die Stadt
ins Fitness-Studio
...

mit dem Fahrrad
mit der Straßenbahn
...

12 **Ja, das kann ich ...** Alle im Kurs. Berichten Sie und sammeln Sie die Verkehrsmittel Ihrer Stadt / Region.

◆ Carla fährt mit dem Bus ins Fitness-Studio.

Bus — (Verkehrsmittel) —

B Gut für die Umwelt

Lesen und Grammatik Personalpronomen, Akkusativ **Hören und Grammatik** Zu teuer für mich!
Sprechen und Schreiben Mein Lieblings-Verkehrsmittel

LESEN UND GRAMMATIK

1 Starten wir! Alle im Kurs. Berlin und Bangkok. Was gibt es wo? Sehen Sie die Fotos an und sprechen Sie.

◆ In Berlin gibt es die U-Bahn ... ○ Ja, und in Bangkok gibt es die Metro ...

BERLIN

Taxi

Bus

Straßenbahn

U-Bahn

BANGKOK

Taxi

Tuktuk

Bus

Metro

31 **2 EINS online macht eine Umfrage.** Hören Sie zu.
Berlin oder Bangkok? Kreuzen Sie an.

	Berlin	*Bangkok*
1 Es gibt U-Bahnen und Straßenbahnen.	○	○
2 Busse sind super. Man sieht viel von der Stadt.	○	○
3 Es gibt viele Taxis. Sie sind nicht teuer, aber sehr langsam.	○	○
4 Die Metro ist ideal. Sie ist bequem und schnell.	○	○
5 Touristen lieben die Tuktuks.	○	○

EXTRAS
sehen
ich sehe
du siehst
...

3 Zu zweit. Lesen Sie die WhatsApp-Nachrichten. Ordnen Sie zu und ergänzen Sie die Grammatik.

1 Ich sehe dein Auto nicht! Wo ist **es**? – Frank ✓
2 **Ich** bin hier. Holst du ***mich*** ab? – Kerstin ✓
3 Jan ist in Basel. Möchtest du ***ihn*** sehen? – Aurea ✓
4 Wann kommst **du**? Ich liebe ***dich***. – Marina ✓
5 **Wir** kommen mit dem Fahrrad. Siehst du ***uns***? – Carla und Tim ✓

A Klar, **er** kann in mein Büro kommen. – Javier ✓
B Ich habe **es** unten auf der Straße geparkt. – Martha ✓
C Ich nehme das Flugzeug und bin abends in Berlin. Ich liebe ***dich*** auch. – Julian ✓
D Ah, **ihr** seid das! Ja, ich sehe ***euch***. – Bennie ✓
E Ja, klar. In zehn Minuten bin ich am Bahnhof. – Oli ✓

ich	→	*mich*
du	→	....
er	→	....
es	→	....
sie	→	sie
wir	→	....
ihr	→	....
sie / Sie	→	sie / Sie

4 Zu zweit. Lesen Sie 3 noch einmal und ergänzen Sie die Namen.

mich = *Kerstin* dich = ..., ... ihn = ... uns = ... euch = ...

32 **5 Hören und sortieren Sie den Dialog.**

○ Ja, ich sehe ihn schon. ○ Kommt er? ○ Mit dem Auto? ○ Ja.

6 **Zu zweit. Variieren Sie den Dialog in 5.** Spielen Sie mit Würfeln. Jeder würfelt zwei Mal: das erste Mal für das Verkehrsmittel, dann für die Person.

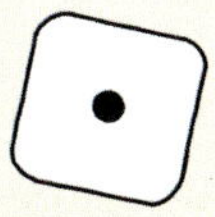					
Bus	Taxi	Fahrrad	Straßenbahn	Auto	zu Fuß
Amanda (sie)	Mario (er)	Daniel (er)	Nina (sie)	Ben (er)	Carla und David (sie)

HÖREN UND GRAMMATIK

33 **7** **Hören Sie. Richtig oder falsch?** Kreuzen Sie an.

Radfahren ist viel zu teuer in Berlin. ○ richtig ○ falsch.

EXTRAS
zu teuer

34 **8** **Lesen Sie die Sätze.** Dann hören Sie. Welcher Satz ist richtig? Kreuzen Sie an.

○ Carsharing ist nicht gut für die Umwelt.
○ Die Autos kosten 13 Cent pro Minute.
○ Man kann die Autos mieten.

3-34 **9** **Zu zweit. Hören Sie die Dialoge in 7 und 8 noch einmal und ergänzen Sie die Grammatik.**

10 **Zu zweit. Ja, aber ...** Sprechen und variieren Sie.

◆ Möchtest du einen Porsche?
○ Ja, aber ein Porsche ist viel zu teuer für mich.

Jaguar
Ferrari
Mercedes
...

zu groß
schnell
...

ich	→	zu teuer	für ......
du	→	super	für ......
er	→	ideal	für ihn
sie	→	gut	für sie
...			

SPRECHEN UND SCHREIBEN

11 **Autos, Busse, Fahrräder ...?** Zu zweit. Was glauben Sie? Ordnen Sie zu und ergänzen Sie.

~~billig~~ | bequem | nicht teuer | schnell | langsam | gut für die Umwelt | teuer | schlecht für die Umwelt | ideal für Stadt und Land | zu teuer | ideal | super | laut

Autos sind ....
Busse sind ....
Fahrräder sind *billig,* ....
....

12 **Zu zweit. Zeigen Sie auf die Verkehrsmittel auf Seite 89 und sprechen Sie.**

◆ Fahrräder sind billig. Und gut für die Umwelt!
○ Carsharing ist ...

13 **Zu zweit. Zeichnen Sie Ihr Lieblings-Verkehrsmittel und schreiben Sie einen Text.** Fotografieren Sie Bild und Text und senden Sie das Foto mit WhatsApp an alle im Kurs.

Ich fahre gerne mit ...
Das ist billig ...

14 **Ja, das kann ich ...** Alle im Kurs. Präsentieren Sie Ihr Lieblings-Verkehrsmittel.

Ich nehme ...

Hören und Sprechen Konjunktionen **Vokabeln, Hören und Schreiben** Auf dem Bahnhof
Sprechen TOP 3 Verkehrsmittel im Kurs

HÖREN UND SPRECHEN

35 **1** **Starten wir!** Alle im Kurs. Welche Verkehrsmittel hören Sie? Nummerieren Sie.

○ Straßenbahn ○ Bus ○ Flugzeug ○ Zug ○ U-Bahn

36 **2** **Hören Sie Linda und Ben im Büro.** Zu zweit. Wer sagt was? Ergänzen Sie L oder B.

Fliegen ist so schnell und billig!

Ich nehme den ICE.

Eine Stunde warten.

3 **Wer möchte wie nach Berlin reisen?** Ergänzen Sie Linda oder Ben.

.... möchte mit Air Berlin fliegen. .... möchte den ICE nehmen.

36 **4** **Hören Sie noch einmal.** Wie oft hören Sie *und* und *aber?* Notieren Sie. ○ und ○ aber

5 **Alle im Kurs. Was kann man im Zug / im Bus ... tun?**
Schreiben Sie eine Liste an die Tafel. Dann machen Sie ein Kettenspiel.

Man kann lesen. ...

◆ Man kann lesen. → ○ Man kann lesen und essen. → ▲ Man kann lesen, essen und ...

36 **6** **Zu zweit. Hören Sie den Dialog aus 2 noch einmal.** Welche Sätze hören Sie?
Kreuzen Sie an.

- ○ Wann ist denn das Meeting in Berlin?
- ○ Am 20. Mai.
- ○ Und wie kommst du hin?
- ○ Ich nehme das Flugzeug. Fliegen ist so schnell und billig.
- ○ Na ja, billig, das stimmt, aber schnell!
- ○ Doch, Fliegen ist super. Ich liebe es.
- ○ Ich nehme den ICE. ...
- ○ Man kann lesen und arbeiten.

hin/kommen

..., aber ... (↔)
... und ... (+)

Ich nehme
- den Bus.
- das Fahrrad.
- die U-Bahn.

7 **Und wie kommen wir hin?** Zu zweit. Schreiben Sie einen Dialog mit den Sätzen aus 2 und 6. Dann spielen Sie.

VOKABELN, HÖREN UND SCHREIBEN

37 **8** **Zu zweit. Sehen Sie sich die Fotos in 9 an.** Hören Sie dann und ordnen Sie den Durchsagen die Fotos zu.

Durchsage 1: Foto B und .... Durchsage 2: Foto ....

37 🔊 **9** **Hören Sie noch einmal und ergänzen Sie auch die Infos.**

A

B

C

Autobahn ....   Gleis ....   Abfahrt 8......... Uhr

10 **Um welche Verkehrsmittel geht es in 9?** Kreuzen Sie an.

○ ● Bus   ○ ● Zug   ○ ● Auto   ○ ● Flugzeug

11 **Zug oder Auto?** Zeichnen Sie die Wortigel ins Heft und ergänzen Sie. Kennen Sie noch mehr Wörter? Ergänzen Sie.

Abfahrt – ● Zug   – ● Auto

~~● Abfahrt~~ | ● ICE | ● Stau | ● Südbahnhof | ● A8 | ● Gleis

12 **Martha fährt nach München.** Sie möchte ihren Freund Carlos besuchen. Zu zweit. Lesen und sortieren Sie die WhatsApp-Nachrichten.

an/kommen
ab/holen

○ Liebe Martha, super! Ich hole dich ab. Wann kommst du an? Carlos ✓

○ Hallo Carlos, weiß ich noch nicht. Am Nachmittag. Martha ✓

○ Lieber Carlos, ich komme heute. Ich nehme den Zug. Martha ✓

13 **Schreiben Sie WhatsApp-Nachrichten.**

Partner(in) A ◆ fährt nach ... und informiert.
Partner(in) B ○ antwortet.

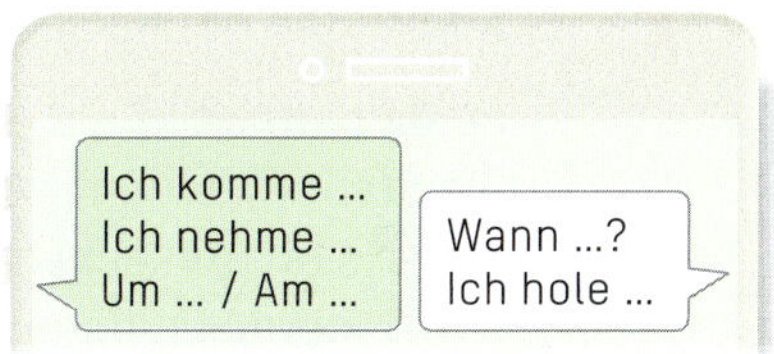

38 🔊 **14** **Am Bahnhof.** Zu zweit. Schreiben Sie den Dialog. Hören und prüfen Sie.

Moment, das ist der ICE 11. Der fährt um 9.21 Uhr ab. Gleis 14. | Um 15.11 Uhr. | Guten Tag. Wann fährt der nächste ICE nach München? | Und wann komme ich in München an?

15 **Rollenspiel *An der Information.*** Spielen Sie einmal, dann tauschen Sie die Rollen.

Partner(in) A ◆: Sie möchten nach München.
Partner(in) B ○: Lesen Sie die Tabelle auf Seite 150 und antworten Sie.

SPRECHEN

16 **Alle im Kurs. Machen Sie eine Umfrage.**

◆ Wie kommst du heute nach Hause?
○ Ich nehme / fahre mit / gehe ...

	S-Bahn	Bus	...
David	✓		
...			

EXTRAS

17 **Ja, das kann ich ...** Machen Sie eine Liste der TOP 3 Verkehrsmittel im Kurs und berichten Sie.

◆ Drei Personen gehen / fahren ...

D Wo ist ...?

Lesen Heidelberg, Stadtinfos **Lesen und Vokabeln** Der Stadtrundgang **Sprechen** Rollenspiel: Nach dem Weg fragen

LESEN

1 Starten wir! Alle im Kurs. Wie heißen Ihre Lieblingsstädte?

2 Zu zweit. Ergänzen Sie.

Einwohner | berühmt | Nicht weit | Sehenswürdigkeiten

150.000 ....

.... von Frankfurt.

Viele ....

Die Universität ist ....

3 Stadtinfos Heidelberg. Lesen Sie nicht! Raten Sie! Was ist *nicht* im Text?

● Student ● Universität ● Stau ● Sehenswürdigkeit

4 Partner(in) A ◆ liest den Text hier, Partner(in) B ○ liest den Text auf Seite 151.
Fragen Sie B ○ und ergänzen Sie Ihren Text. Die Infos für B ○ sind unterstrichen.

◆ Wo ist Heidelberg? ◆ Wie viele Einwohner hat Heidelberg?

EXTRAS
wunderschön = sehr schön
1 Million = 1.000.000

www.heidelberg.net

Stadtinfos Heidelberg

Heidelberg ist ....
Die Stadt ist alt und wunderschön. Und sie hat eine Universität. Besuchen Sie Heidelberg zwischen Mai und September. Dann ist es oft sonnig und warm. Heidelberg hat .... Einwohner. Es gibt sehr viele Studenten, denn die Universität ist berühmt.

Heidelberg hat viele Sehenswürdigkeiten: die Altstadt, das Schloss, die Heiliggeistkirche ...
Die Stadt ist nicht groß. Gehen Sie zu Fuß! Oder nehmen Sie die Straßenbahn oder den Bus!
Vier Millionen Touristen besuchen Heidelberg pro Jahr. Sie kommen aus den USA, aus China, Japan ...

5 Zu zweit. Lesen Sie das Quiz auf Seite 151. Was ist richtig? Kreuzen Sie an.

LESEN UND VOKABELN

39 **6 Zu zweit. Hören Sie und ordnen Sie zu.**

○ **1** immer geradeaus
○ **2** ● Treffpunkt
○ **3** ● Stadtrundgang

A

B
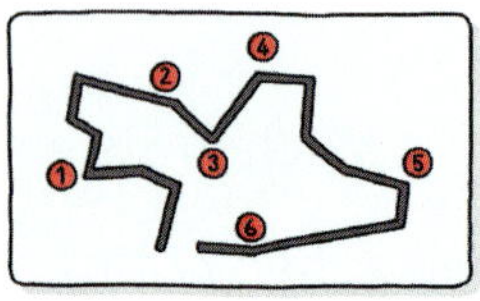

C

40 🔊 **7** **Hilde arbeitet bei der Tourist-Information.** Hören und zeichnen Sie auf dem Plan.

www.radioheidelberg.net

Von Hexen und Vampiren – Stadtrundgang

RH: Hilde, herzlich willkommen in der Show. Dein Stadtrundgang ist berühmt. Erzähl mal!
Hilde: Ja, mein Stadtrundgang beginnt um 20 Uhr. Treffpunkt ist am Kornmarkt.
RH: Okay. Und dann?
Hilde: Wir gehen links in die Hauptstraße, dann rechts über den Marktplatz. Links ist die Heiliggeistkirche. Wir gehen links und dann rechts in die Steingasse. Dann geht's immer geradeaus ...
RH: Und was ist mit Hexen und Vampiren?
Hilde: Die gibt's! Aber wo?! Das ist mein Geheimnis. Kommen Sie einfach mit.

EXTRAS

- Hexe 
- Vampir 
- Gasse = kleine Straße in der Stadt

Am Kornmarkt. 

8 **Zu zweit. Suchen Sie die Wörter im Wörterbuch.** Wo ist das auf dem Stadtplan?

- Marktplatz
- Taxistand
- Bushaltestelle
- Rathaus
- Hauptstraße

◆ Wo ist das Rathaus? ○ Hier. Und wo ist ...

EXTRAS

- Bushaltestelle

9 **Ordnen Sie die Pfeile zu.** → ↑ ←

1 Geh immer geradeaus. ↑ 2 Geh links. ...... 3 Geh rechts. ......

10 **Lesen Sie 7 noch einmal und ergänzen Sie die Grammatik.**

- ...... den Marktplatz.
- Übers Land.
- Über die Straße.

- In den Park.
- Ins Rathaus.
- ...... die Steingasse.

11 **Wo sind die Hexe und der Vampir?** Sie und Ihr Partner sind am Rathaus und möchten zu ihnen. Beschreiben Sie den Weg.

◆ Wo ist denn die Hexe / der Vampir? ○ Hier. / Da.

◆ Ah, und wie kommen wir da hin? ○ Kein Problem! Wir gehen links / rechts in die ...
Dann gehen wir über den ... Wir gehen immer geradeaus ...

SPRECHEN

12 **Ja, das kann ich ...** Zu zweit. Partner(in) A ◆ ist auf der Straße vor seinem Haus. Partner(in) B ○ ist Tourist. Wählen Sie zwei Orte aus der Liste rechts, schreiben Sie die Dialoge und spielen Sie.

◆ Entschuldigung. Wo ist hier die ...
○ Gehen Sie ....

- Stadtpark
- Supermarkt
- Taxistand
- Bank
- Bushaltestelle

Grammatik Xpress

mehr Übungen im Arbeitsbuch und online

DATIV, DEFINITER ARTIKEL

Der Dativ steht nach *mit*.

● maskulin	Ich fahre	mit dem	Zug.
● neutral	Ich fahre	mit dem	Taxi.
● feminin	Ich fahre	mit der	U-Bahn.

Der Dativ im Satz:

Wer? / Was?			
Nominativ	Verb	Präposition	Dativ
Ich	fahre	mit	dem Fahrrad.

1 Auto, Zug …? Schreiben Sie die Fragen.

1 ● Straßenbahn ◆ *Fährst du mit der Straßenbahn?* ○ Ja, das ist billig.
2 ● Fahrrad ◆ .... ○ Ja, da bleibe ich fit.
3 ● U-Bahn ◆ .... ○ Ja, das ist schnell.
4 ● Auto ◆ .... ○ Nein, das ist zu teuer.
5 ● Taxi ◆ .... ○ Ja, das ist bequem.
6 ● Zug ◆ .... ○ Ja, das ist gut für die Umwelt.
7 ● Bus ◆ .... ○ Ja, das ist billig und schnell.

PERSONALPRONOMEN, AKKUSATIV

Nominativ	Akkusativ
ich	mich
du	dich
er / es / sie	ihn / es / sie
wir	uns
ihr	euch
sie / Sie	sie / Sie

Das Personalpronomen im Akkusativ steht nach *sehen, abholen, nehmen, haben, lieben …*

Ich sehe ihn.	Sie nimmt es.	Ich liebe dich.
Wir holen dich ab.	Er hat es.	

Das Personalpronomen im Akkusativ steht nach *für*.

Ein Porsche ist zu teuer für mich.
Das ist ja ideal für ihn.

Personalpronomen im Satz:

Wer? / Was?				*Wen?*
Nominativ	Verb		Präposition	Akkusativ
Er	liebt			mich.
Ich	sehe			ihn.
Sie	hat			es.
Die Wohnung	ist	ideal	für	euch.

2 Ideal. Schreiben Sie im Akkusativ.

1 ich 4 ihr 7 Emma und Paul
2 Nina 5 du 8 Fabio
3 wir 6 Sie 9 das Baby

1. Das ist ideal für mich.

AKKUSATIV, DEFINITER ARTIKEL

Der Akkusativ steht nach *über*

	Wohin?		
● maskulin	Wir gehen	über den	Marktplatz.
● neutral	Wir gehen	übers	Land.
● feminin	Sie gehen	über die	Hauptstraße.

Der Akkusativ im Satz:

Wer? / Was?		*Wohin?*	
Nominativ	Verb	Präposition	Akkusativ
Wir	gehen	über	den Marktplatz.

3 **Wohin ...?** Schreiben Sie.

EXTRAS
übers = über das

Wohin gehen wir?

1 ← über ● Alexanderplatz
2 ← über ● Hauptstraße
3 ↑ über ● Goethestraße
4 → über ● Bahnhofsplatz
5 ↑ über ● Marktplatz

1. Links über den ...

W-FRAGEN

2			Antwort
Wohin	gehen	wir?	Über den Marienplatz.
Wo	ist	der Treffpunkt?	In der Stadt.

4 **Sortieren Sie die Fragen.** Schreiben Sie.

1 U-Bahn-Station / die / ist / wo / nächste
◆ *Wo ist* ....
○ Geradeaus, dann rechts.

2 ist / wo / der Treffpunkt
◆ ....
○ Im Park.

3 Bahnhof / der / ist / wo
◆ ....
○ Die dritte Straße links.

4 gehen / Sie / wohin
◆ ....
○ In die Stadt.

ABER, UND

aber	↔	Ja, das ist teuer, aber bequem.
und	+	Das ist billig und schnell.
		Wir können lesen und Musik hören.

5 ***und* oder *aber*?** Ergänzen Sie.

1 Heute ist das Wetter schön .... ich fahre mit dem Fahrrad ins Büro.
2 Mein Büro ist nicht weit, ... es gibt viele Staus .... mit dem Auto geht es langsam. Oft miete ich ein Fahrrad. Das ist gut für die Umwelt .... ich bleibe fit.

Xtra Lesen

Ich fahre mit … Das perfekte Wochenende in Berlin

1 **Berlin. *Shopping, Sightseeing* oder *Nachtleben*?** Ergänzen Sie.

Pergamonmuseum: *Sightseeing*

Strandbar Mitte: ……………

Friedrichstraße: ……………

Flohmarkt: ……………

2 **Alle im Kurs. Lesen Sie über Berlin.** Was kann man alles machen? Sammeln Sie an der Tafel.

Man kann *eine Bustour machen.* *einkaufen gehen.* …
den Alexanderplatz sehen. *auf den Kurfürstendamm gehen.*

3 **Zu zweit. Sprechen Sie und planen Sie Ihr Wochenende.**

Machen wir eine Bustour?
Gehen wir … ?
Ich möchte …
Komm, wir gehen …

☺ Gute Idee! Ja, gerne. Super!

☹ Nein, das finde ich nicht gut.
Das finde ich langweilig.

nicetravel.com

Das perfekte Wochenende in Berlin

Sightseeing und Shopping

1 Eine Hopp on / Hopp off Bustour muss nicht teuer sein. Kauf ein Tagesticket oder die *Berlin WelcomeCard* und nimm den Bus mit der Nummer 100. So siehst du alle Sehenswürdigkeiten: Alexanderplatz, Brandenburger Tor, Museumsinsel, Schloss Bellevue, City West … **2** Du bist ein Fan von Mode, Luxus und Design? Dann bist du auf dem Kurfürstendamm oder der Friedrichstraße richtig. Oder du möchtest es richtig cool? Dann besuch den Flohmarkt am Mauerpark.

Frühstück, Mittagessen und Nachtleben

1 Frühstück im *Tomasa Villa Kreuzberg:* Ein super Café in Kreuzberg und ein Muss für Frühstückfans. So ist der Start in den Tag perfekt: Kaffee und eine Crêpe oder Frühstück-Tapas. **2** Gesund und kreativ essen? Und das im Restaurant? Das *Cookies Cream* kocht vegan und ist die Top-Adresse in Berlin Mitte. Robbie Williams und George Clooney waren hier! **3** Cocktails und Tanzen wie auf Ibiza. Ein super Feeling! Die *Strandbar Mitte* ist die erste Strandbar in Deutschland. **4** Tolle Clubs, berühmte DJs, Open-Air-Events und Raves! Das ist Berlin! Das *Cookies,* das *Tausend* und das *40 Seconds* sind große Namen in der Berliner Nachtclub-Szene.

4 **Ihre Freundin / Ihr Freund fährt am Wochenende nach Berlin.** Schreiben Sie und geben Sie Tipps per WhatsApp. Senden Sie die WhatsApp an Ihre Partnerin / Ihren Partner.

Kauf die Berlin WelcomeCard. Nimm … Geh … Besuch …

Unter Freunden

1 **Flohmarkt.** Alle im Kurs. Welche Wörter kennen Sie? Sammeln Sie an der Tafel.

der Flohmarkt — *alt*
— *Möbel*

41 **2** **Hören Sie. Was interessiert die Leute?** Suchen Sie auf den Bildern oben und kreuzen Sie an.

3 **Was gibt es auf dem Flohmarkt?** Zu zweit. Zeigen Sie auf die Bilder oben und sprechen Sie.

◆ Was gibt es auf dem Flohmarkt? ○ Es gibt Handtaschen. Was gibt es noch auf …?

A Mein Flohmarkt

Vokabeln Komposita **Lesen und Grammatik** Wollen wir ...? **Sprechen** Hast du Lust?

VOKABELN

42 **1 Ordnen Sie zu.**
Dann hören und wiederholen Sie.

1 ● Instrument
2 ● Hand
3 ● Apparat
4 ● Comic
5 ● Musik
6 ● Tasche
7 ● Foto
8 ● Heft
9 ● Fuß
10 ● Börse
11 ● Maschine
12 ● Jacke
13 ● Ball
14 ● Geld
15 ● Kaffee
16 ● Winter

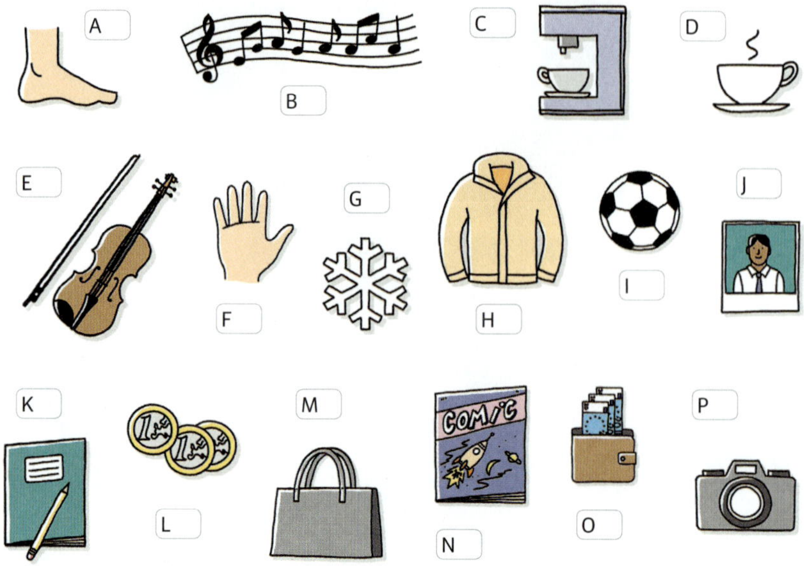

2 Zu zweit. Suchen Sie in 1 die Artikel für Nomen 1 und Nomen 2 und ergänzen Sie.
Welchen Artikel bekommen die Komposita?

Nomen 1		Nomen 2	Komposita
das Foto	+	*der* Apparat	● *der* Fotoapparat
...... Musik	+	...... Instrument	● ...... Musikinstrument
...... Kaffee	+	...... Maschine	● ...... Kaffeemaschine

3 In Gruppen. Finden Sie neue Wörter mit den Nomen *Ball*, *Heft*, *Tasche* und *Jacke*. Welche Gruppe findet die meisten Wörter?

der Ball *der Tennisball*
...

LESEN UND GRAMMATIK

4 Alle im Kurs. Gibt es einen Flohmarkt in Ihrer Stadt / Region? Wann ist er? Was kann man kaufen? Berichten Sie im Kurs.

5 Zu zweit. Lesen Sie Emmas Blog und fragen und antworten Sie abwechselnd.

www.meinberlin.de

Also langweilig sind die Wochenenden in Berlin ja nie! Du willst etwas unternehmen? Kein Problem! Berlin ist die Stadt der Flohmärkte: fast fünfzig Märkte gibt es hier.

Hast du deinen Lieblingsmarkt denn schon gefunden? Meiner ist der Flohmarkt am Mauerpark. Ein super Flohmarkt, ein Muss für alle Berliner! Aber auch viele Touristen kommen und wollen den Flohmarkt besuchen. Auf Facebook bekommt er fast immer fünf Sterne. ★★★★★

Ihr sucht Möbel? Ihr wollt Design oder Secondhand kaufen? Hier findet ihr alles: Tische, Stühle, Bücher, Gläser, aber auch Musikinstrumente, Handtaschen, Schuhe ... Und teuer ist es hier auch nicht.

Ideal für einen Besuch sind die Sonntage im Sommer. Ist das Wetter schön, dann hat der Markt mehr als vierzigtausend Besucher. Und alles ist bunt, laut und multikulti. Also mir gefällt das.

EXTRAS
etwas unternehmen = in der Freizeit machen (feiern, ins Kino gehen ...)

1 Wie viele Flohmärkte gibt es in Berlin?
2 Wie heißt Emmas Lieblings-Flohmarkt?
3 Wollen nur Touristen den Markt besuchen?
4 Wie viele Sterne bekommt der Flohmarkt auf Facebook?
5 Was kann man da kaufen?
6 Ist der Flohmarkt teuer?
7 Wie viele Besucher hat der Flohmarkt an einem Sonntag?

43 **6** **Emma im Interview.** Lesen Sie und ordnen Sie zu. Dann hören und prüfen Sie.

1 Wollen alle Besucher etwas kaufen?
2 Kann man den Flohmarkt auch am Montag besuchen?
3 Willst du bald wieder auf den Flohmarkt gehen?
4 Dein Freund will nicht auf den Flohmarkt gehen?

a Nein, er findet das langweilig. Aber meine Freundin Martha kommt mit.
b Nein, der Flohmarkt ist nur am Sonntag geöffnet.
c Nein, viele wollen nur etwas essen und trinken.
d Ja, klar. Vielleicht am Sonntag.

7 **Lesen Sie 5 und 6 noch einmal und ergänzen Sie die Tabelle.**

ich	will
du	....
er / es / sie	....
wir	wollen
ihr	....
sie / Sie	....

44 **8** **Emma und Martha verabreden sich.** Hören und sortieren Sie. Spielen und variieren Sie mit *ins Kino, ins Theater, ins Fitness-Studio.*

◯ ◆ Am Nachmittag. So um drei?
◯ ◆ Sag mal, wollen wir am Sonntag auf den Flohmarkt gehen? Hast du Lust?
◯ ○ Gute Idee. Und wann?

9 **Schreiben Sie eine Frage mit *wollen* auf vier Karten und mischen Sie.** Beispiele für Karten finden Sie auf Seite 148.

10 **Zu viert. Ein Partner legt seine Karten auf den Tisch.** Jeder nimmt eine Karte und sucht seine Position.

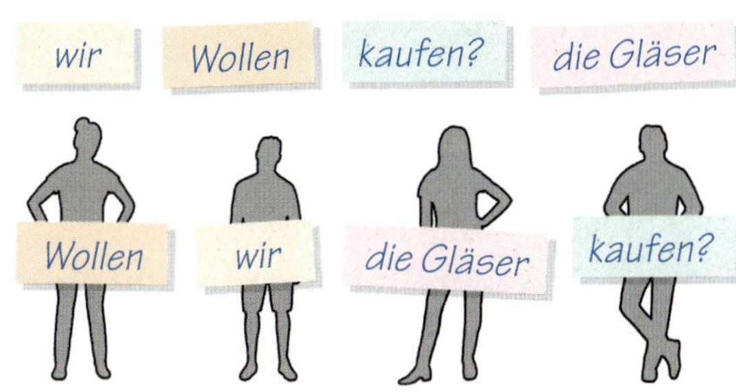

SPRECHEN

45 **11** **Sich verabreden.** Welche Sätze hören Sie? Kreuzen Sie an.

○ Kannst du am Sonntag?
○ Hast du am Sonntag Zeit?
○ Wann hast du denn Zeit?
○ Was wollen wir am Sonntag machen?
○ Willst du auf den Flohmarkt gehen?
○ Wollen wir auf den Flohmarkt gehen?
○ Hast du Lust?

☺ ○ Ja, klar. ○ Ja, cool!
○ Gute Idee. ○ Ja, wann?

☹ ○ Heute nicht. Ich muss (noch) ...
○ Nein, am Sonntag kann ich nicht.
○ Nein, am Sonntag geht es leider nicht.

12 **Ja, das kann ich ...** Zu zweit. Verabreden Sie sich. Machen Sie ein Rollenspiel.

◆ Was wollen wir ...? ☺ ○ Ja, ... ☹ ○ Heute nicht. ...

B

Mein Restaurant

Hören und Vokabeln Alle, viele, wenige ... **Hören und Grammatik** Ich mag keinen Fisch.
Hören und Sprechen Was darf's denn sein?

HÖREN UND VOKABELN

1 **Starten wir!** Alle im Kurs. Und Ihr Sonntag? Was machen Sie gerne? Machen Sie ein Kettenspiel.

◆ Ich gehe gerne auf den Flohmarkt. Und du, Amanda? ○ Ich ... Und du, David? ▲ Ich ...

46 **2** **Was unternehmen junge Leute am Sonntag wirklich?** Wir haben einen Experten gefragt. Alle im Kurs. Raten Sie und ergänzen Sie *alle, viele* oder *wenige*. Dann hören und prüfen Sie.

lange schlafen ....
Sport machen *wenige*
zu Hause bleiben ....
fernsehen ....
einen Ausflug machen ....
essen gehen ....

Wir sind 10 im Kurs		
alle	→	10
viele	→	7 oder 8
wenige	→	2 oder 3

EXTRAS
einen Ausflug machen

3 **Alle im Kurs. Machen Sie eine Kurs-Statistik zum Thema *Sonntag*.**
Sammeln Sie die Aktivitäten aus 1 und 2 an der Tafel. Jeder geht an die Tafel, macht 3-mal ✓ und wählt seine Lieblingsaktivitäten. Dann berichten Sie.

◆ Alle / Viele / Wenige schlafen lange ...

lange schlafen ✓✓✓✓✓✓✓✓✓
einen Ausflug machen ✓✓✓✓
Sport machen ✓✓
...

HÖREN UND GRAMMATIK

47 **4** **Emma und Martha sind auf dem Flohmarkt.**
Lesen Sie die Sätze. Dann hören Sie. Was ist falsch?
Kreuzen Sie an und schreiben Sie richtig.

○ **1** Es ist sieben Uhr. ....
☒ **2** Emma hat Durst. *Emma hat Hunger.*
○ **3** Emma hat nicht gefrühstückt. ....
○ **4** Emma mag Fisch. ....

EXTRAS

Hunger

Durst

47 **5** **Zu zweit. Hören Sie 4 noch einmal.** Ergänzen Sie die Tabelle.

ich	....
du	....
er / es / sie	mag
wir	mögen
ihr	mögt
sie / Sie	mögen

48 **6** **Hören und schreiben Sie den Dialog.**

◆ MAGSTDUDENNFISCH? *Magst du* ....
○ NEINICHMAGKEINENFISCH. ....

48 **7** **Hören und wiederholen Sie die Sätze aus 6.** Zu zweit.
Variieren Sie mit den Wörtern unten und spielen Sie.

● Gemüse ● Spaghetti ● Pizza ● Fleisch

Ich mag	● keinen Fisch.
	● kein Gemüse.
	● keine Pizza.
	● keine Eier.

HÖREN UND SPRECHEN

8 Zu zweit. Ordnen Sie zu.

1 ● Kellner / ● Kellnerin
2 ● Gast
3 ● Restaurant

a isst und trinkt im Restaurant
b da kann man essen und trinken
c arbeitet im Restaurant

EXTRAS

Was darf's denn sein? = Was möchten Sie?
Für mich bitte ... = Ich möchte ...

● Nachspeise

etwas ↔ nichts

9 Zu zweit. Welche Sätze hören Sie im Restaurant?
Raten und unterstreichen Sie.

Und ich nehme ein Bier, bitte. | Ich nehme das Fahrrad. | Für mich bitte ein Wasser. | Ja, gerne. Einen Espresso, bitte. | Einen Salat und die Lasagne, bitte. | Eine Pizza Salami, bitte.

49 **10 Emma und Martha sind im *La Piazza*.** Hören Sie und prüfen Sie 9.

49 **11 Zu dritt. Lesen Sie und ergänzen Sie den Dialog mit Sätzen aus 9.** Dann hören Sie noch einmal und prüfen Sie.

Für mich bitte Ich nehme / möchte	● einen Salat. ● ein Steak. ● eine Pizza.

Kellner: Guten Abend. Was darf's denn sein?
Emma: *Für mich bitte ein Wasser.*
Martha: ....
Gerne. Und zu essen?
Emma: ....
Der Salat groß oder klein?
Emma: Klein, bitte.
Und für Sie?
Martha: ....
...
Hat es Ihnen geschmeckt?
Emma / Martha: Ja, sehr. Danke.
Möchten Sie eine Nachspeise oder einen Espresso?
Emma: ....
Martha: Nein, danke, für mich nichts.

12 Zu dritt. Lesen Sie den Dialog in 11 mit verteilten Rollen.

13 Kellner und Gäste. Zu dritt. Spielen und variieren Sie.

◆ Was darf's denn sein? ○ Für mich bitte ein Wasser. ▲ Und ich nehme ein Bier, bitte.

14 Ja, das kann ich ... Zu dritt. Rollenspiel. Schreiben Sie Dialoge. Dann spielen Sie mit und ohne Heft.

◆ Partner(in) A
Sie sind Kellner(in). Sie grüßen und fragen:

Was darf's denn sein?
Und für Sie? Und zu essen?
Möchten Sie noch ...?
Hat es Ihnen geschmeckt?

○ Partner(in) B / ▲ Partner(in) C
Sie sind Gast:

Ich möchte / nehme ...
Für mich bitte ...
Einen / Ein / Eine ..., bitte.
Nein, danke, für mich nichts.

Meine Party

Lesen Soziales Netzwerk **Hören und Grammatik** … denn Sara ist im Deutschkurs. **Sprechen** Interesse zeigen

LESEN

1 **Starten wir!** Zu zweit. Lesen Sie den Text über InterNations und die Sätze. Was ist richtig? Kreuzen Sie an.

InterNations …
- ○ ist ein Online-Shop.
- ○ ist gut für deinen Job und deine Kontakte.
- ○ gibt es nur in Berlin und München.
- ○ ist ein soziales Netzwerk.

www.internations.com

Du bist neu in der Stadt? Du suchst Informationen und Kontakte für deine Karriere? Du möchtest einfach nur Leute treffen, oder du möchtest etwas unternehmen und Spaß haben? Dann bist du bei uns genau richtig, denn wir sind eine Community für internationale Menschen. InterNations ist ein weltweites Online-Netzwerk und hat mehr als 1,8 Millionen Mitglieder. Es gibt uns in 390 Städten in 195 Ländern. Und wir machen Party: große After-Work-Events in den top Clubs der Stadt sind unsere Spezialität! – Kommt und macht mit!

HÖREN UND GRAMMATIK

50 **2** **Heute ist Party bei InterNations und Fabio ist da.**
Hören Sie. Welcher Dialog hat das Thema?

○ Familie ○ Fitness ○ Job / Studium

50 **3** **Das sagen Tom, Christine und Fabio.** Lesen Sie die Sätze und ordnen Sie zu. Dann hören Sie 2 noch einmal und prüfen Sie.

1 Ich studiere jetzt, und ich
2 Doch, ich war im Marketing,
3 Sie haben
4 Ich weiß es, denn Sara
5 Gehst du ins Studio am Bahnhof
6 Und was

a aber der Job war nichts für mich.
b oder ins Studio in Neukölln?
c ist ja auch im Yogakurs.
d jobbe ein bisschen.
e jetzt ein Baby.
f zahlst du?

EXTRAS
nichts für mich = nicht gut für mich
jobben = arbeiten
zahlen

4 **Zu zweit. Suchen Sie die farbig markierten Konnektoren in 3 und ergänzen Sie.**

Hauptsatz 1		Hauptsatz 2
Ich studiere jetzt,	und	(ich) jobbe ein bisschen.
Gehst du ins Studio am Bahnhof,	....	(gehst du) ins Studio in Neukölln?
Ich war im Marketing,	....	der Job war nichts für mich.
Ich weiß es,	....	Sara ist ja auch im Yogakurs.

5 **Zu zweit. Partner(in) A ◆ würfelt, Partner(in) B ○ sagt den Satz.** Dann tauschen Sie.

⚀ Deutsch lernen / *denn* in Wien studieren
⚁ Medizin studieren / *und* ein bisschen jobben
⚂ meine Freunde treffen / *oder* meine Familie besuchen
⚃ in Berlin arbeiten / *und* in Potsdam wohnen
⚄ einen Job suchen / *denn* Geld brauchen
⚅ gerne joggen / *aber* keine Zeit haben

◆ Die eins, bitte. ○ Ich lerne Deutsch, denn ich studiere in Wien.

SPRECHEN

6 **Zu zweit. Wählen Sie ein Thema für ein Party-Gespräch.** Schreiben Sie zwei oder drei Sätze. Sie brauchen die Sätze für 10.

meine Wohnung | ich | meine Freundin / mein Freund | mein Job | meine Familie | mein Wochenende | mein Lieblingsplatz

Mein Wochenende
Ich wohne jetzt in München. Am Wochenende snowboarde ich gerne. ...

51 **7** **Alle im Kurs. Hören Sie und ordnen Sie die Fotos und Dialoge zu.**

Dialog 1 ○
Dialog 2 ○
Dialog 3 ○

A

B

C

51 **8** **Hören Sie noch einmal. Was ist richtig?** Kreuzen Sie an.

1 David snowboardet ... ○ am Montag. ○ am Mittwoch. ○ am Wochenende.
2 Lauras Lieblingsplatz in Berlin ist ... ○ ein Restaurant. ○ ein Café. ○ ein Fitness-Studio.
3 Die neue Wohnung hat ... ○ fünf Zimmer. ○ drei Zimmer. ○ zwei Zimmer.

9 **Zu zweit. Ergänzen Sie die Dialoge in zwei Schritten.** Wiederholen Sie das letzte Wort vom Vorsatz. Dann ergänzen Sie die Frage.

Wahnsinn! Und was zahlt ihr? | Echt? Was machst du denn da? | ~~Cool! Und was macht man da so am Wochenende?~~

1
◆ Ich wohne jetzt in München.
○ In *München*?
Cool! Und was macht man da so am Wochenende?

2
◆ Aber mein Lieblingsplatz ist ein Café in Kreuzberg.
○ In ________________?
____
________________?
◆ Freunde treffen, Kaffee trinken und essen.

3
◆ Ja, wir haben fünf Zimmer.
○ Fünf ________________?
____
________________?

10 **Ja, das kann ich ...** Zu zweit. Nehmen Sie Ihre Sätze aus 6 und schreiben Sie ein Party-Gespräch. Fragen Sie und zeigen Sie Interesse.

◆ Ich wohne jetzt in München.
○ In München? Cool! ...

11 **Alle im Kurs. Spielen Sie Ihre Party-Gespräche.**

TIPP
Wiederholen Sie, was Ihr Gesprächspartner sagt, und fragen Sie. Benutzen Sie Wörter wie: *Wahnsinn! Cool!* oder *Echt? Wirklich?* und zeigen Sie Interesse! Das ist wichtig, denn so läuft das Gespräch weiter.

Grammatik Xpress

mehr Übungen im Arbeitsbuch und online

KOMPOSITA

	Nomen 1		Nomen 2		
Das Kompositum bekommt den Artikel von Nomen 2.	● Foto	+	● Apparat	→	● Fotoapparat
	● Musik	+	● Instrument	→	● Musikinstrument
	● Kaffee	+	● Maschine	→	● Kaffeemaschine

1 Schreiben Sie mit Artikel.

1 ● Geld + ● Börse

die Geldbörse

3 ● Fuß + ● Ball

....

5 ● Floh + ● Markt

....

2 ● Hand + ● Tasche

....

4 ● Winter + ● Jacke

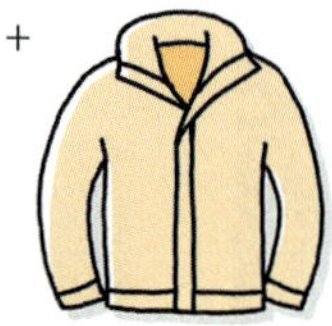

....

6 ● Comic + ● Heft

....

WOLLEN, MÖGEN

	wollen	mögen
ich	will	mag
du	willst	magst
er / es / sie	will	mag
wir	wollen	mögen
ihr	wollt	mögt
sie / Sie	wollen	mögen

wollen im Fragesatz:

	2			Ende
	Wollen	wir	ins Kino	gehen?
	Willst	du	etwas	essen?

2 Ergänzen Sie die richtige Form von *wollen*.

◆ (1) .... Sie den Fotoapparat denn kaufen?
○ Nein, aber ich nehme die Tasche.

◆ Hast du Hunger?
○ Ja! (2) .... wir einen Hamburger essen?

◆ (3) .... ihr auch auf den Flohmarkt gehen?
○ Nein, wir müssen noch meine Mutter besuchen.

◆ (4) .... du nicht Deutsch lernen?
○ Doch, aber ich muss zu viel arbeiten.

◆ Die Winterjacke hier ist super.
○ Ja, ich glaube, Ben (5) .... sie kaufen.

◆ Die Schuhe sind ja nicht billig.
○ Stimmt! Aber ich (6) .... sie haben.

3 Sortieren Sie und schreiben Sie die Fragen in die Tabelle.

1 gehen? / wir / Wollen / ins Fitness-Studio
2 du / den Flohmarkt in Berlin Mitte / besuchen? / Willst
3 Wollen / essen? / wir / Spaghetti
4 du / Willst / kaufen? / Schuhe

	2			Ende
	Wollen	*wir*	*ins Fitness-Studio*	*gehen?*
	...			

4 **Lesen Sie und ergänzen Sie die richtige Form der Verben.**

Emma: Oft (1) .... (gehen) Paul und ich am Wochenende ins Restaurant. Ich (2) .... (essen) sehr gerne italienisch. Paul auch, er (3) .... (mögen) Pizza, und ich (4) .... (mögen) gerne Spaghetti. Unser Lieblingsrestaurant (5) .... (heißen) La Piazza, es (6) .... (sein) nicht weit. Ich (7) .... (essen) auch gerne chinesisch. Reis mit Gemüse (8) .... (mögen) ich sehr. Wir (9) .... (mögen) kein Fleisch, denn wir (10) .... (sein) Vegetarier. Und ihr? (11) .... (mögen) ihr auch gerne italienisch?

ALLE, VIELE, WENIGE

Alle lernen gerne Deutsch.	Viele sehen gerne fern.	Wenige machen Sport.

5 **Unser Deutschkurs.** Lesen und ergänzen Sie *alle, viele, wenige*.

Wir haben zehn Teilnehmer im Deutschkurs, und wir sind zwischen neunzehn und dreißig Jahre alt. .... (= 8) unternehmen gerne etwas am Wochenende. .... (= 7) machen auch Sport, aber nur .... (= 2) lesen. Wir schlafen .... (= 10) gerne lange und .... (= 8) machen einen Ausflug oder besuchen Freunde. Nur .... (= 2) arbeiten. Aber .... (= 10) lernen Deutsch und machen Hausaufgaben für den Kurs.

ODER, DENN ...

oder, denn ... sind Konnektoren. Sie verbinden zwei Hauptsätze:

		Hauptsatz 1		Hauptsatz 2
und	... + ...	Ich studiere	und	(ich) arbeite auch ein bisschen.
aber	... ↔ ...	Die Firma ist super,	aber	der Job ist nichts für mich.
oder	Alternative	Sie studieren	oder	(sie) arbeiten schon.
denn	Grund	Ich bin nicht mehr da,	denn	das Fitness-Studio ist viel zu teuer.

6 **Was ist richtig?** Unterstreichen Sie.

www.internations.com

Du bist neu in der Stadt *aber / und* arbeitest hier? Du suchst Informationen *denn / oder* du möchtest einfach nur Leute treffen *und / denn* Spaß haben? Dann bist du hier richtig, *aber / denn* InterNations ist ein soziales Netzwerk für Freizeit *und / aber* Beruf.
Du bist schon lange hier in Berlin, *denn / aber* du sprichst noch kein Deutsch? Das ist nicht so gut, *denn / aber* Deutsch ist wichtig. Komm auf unsere Webseite, *oder / denn* da findest du Deutschkurse *und / aber* Interessengruppen.

Xtra Lesen

Unter Freunden InterNations

EXTRAS
- Expat = lebt und arbeitet im Ausland

1 **Alle im Kurs. Welche sozialen Netzwerke kennen Sie?**

2 **Lesen Sie den Text.** Verstehen Sie die unterstrichenen Wörter? Sehen Sie im Wörterbuch nach.

www.wirtschaft.de

InterNations – so geht Start-up heute

Sieben Fragen an Malte Zeeck

Zu deiner Person, Malte? Ich heiße Malte Zeeck, bin 39 Jahre alt und komme aus Deutschland. Ich bin verheiratet und habe zwei Kinder. Ich habe Wirtschaft studiert und dann als Journalist im Ausland gearbeitet. So habe ich schon viele Länder gesehen. Für CNN und n-tv war ich in Afrika, Brasilien, Indien ...

Woher kommt die Idee für InterNations? Ja, wie gesagt, als Journalist war ich ein typischer Expat in den großen Städten dieser Welt. Und das ist nicht nur Spaß, denn man ist oft allein, sitzt in Hotels und hat keine Freunde und keine Familie. Und die Idee war plötzlich da: wir brauchen ein globales Netzwerk für Expats.

Und dann hast du's einfach gemacht? Na ja, der Anfang war nicht leicht. Im Mai 2007 war ich noch in Köln und hatte dort eine kleine Wohnung. Da hatten wir die Idee, mein Studienfreund Philipp und ich, und InterNations war geboren. Und schon im September 2007 waren wir mit unserer Webseite online.

Und heute? Wir sind die Nummer eins der Expat Netzwerke weltweit. Wir haben Communities in 390 Städten und 166 Ländern. Wir haben 2,1 Millionen Mitglieder und 100 Angestellte, und unser Büro ist in München ...

Wow! Und wie läuft das? Was genau macht ihr? Also die Idee ist: Menschen mit internationalem Background wollen andere Menschen mit internationalem Background treffen. Und exakt das organisieren wir. Wir helfen Expats: die kommen in eine neue Stadt, sprechen die Sprache nicht, kennen die Kultur nicht und sind oft allein und ein bisschen isoliert. Und auf unseren Partys und Events kommt man leicht in Kontakt. Man spricht über seine Probleme, bekommt Infos, macht sich Freunde und baut ein Netzwerk auf.

Cool! Aber es gibt doch schon Facebook, oder? Ja, aber wir bringen richtige Menschen zusammen. Das macht Facebook nicht, da ist und bleibt alles virtuell. InterNations ist global, arbeitet aber lokal. Mit InterNations finden sich beste Freunde, man findet seine Traumwohnung oder die ganz große Liebe. Das ist genial, und das macht Spaß.

Und organisiert ihr nur Partys? Nein, wir haben viele Interessengruppen. Die bieten Salsa-Tanzen, Wandern, Theater- und Kinobesuche und, und, und ... Und in 32 Städten gibt es schon unser Volunteer-Netzwerk. Wir arbeiten in Projekten mit Flüchtlingen, Straßenkindern und helfen in Suppenküchen für die Armen.

3 **Zu zweit. Lesen Sie die Sätze.** Was ist richtig? Kreuzen Sie an.

- ○ **1** Malte hat als Journalist in München gearbeitet.
- ○ **2** Die Idee zu InterNations ist Malte im Ausland gekommen.
- ○ **3** Expats haben immer nur Spaß.
- ○ **4** Auf den Partys kann man über seine Situation sprechen und Freunde treffen.
- ○ **5** InterNations ist eine virtuelle Community wie Facebook.
- ○ **6** Mitglieder von InterNations helfen den Flüchtlingen und den Armen.

Ich war noch nie ...

FRÜHLING in Berlin

3 tanzen • Museen • Sehenswürdigkeiten
feiern • Clubs in Cafés gehen

1 • Strände • Meer schwimmen surfen segeln
2 • Berge snowboarden Ski fahren • Schnee
4 • Wald Rad fahren • Berge • Seen wandern

52 **1** **Sehen Sie die Urlaubsfotos und die Wörter an.**
Welche Wörter hören Sie? Unterstreichen Sie.

53 **2** **Alle im Kurs. Hören Sie die Wörter oben.** Lesen Sie mit und wiederholen Sie.

3 **Zu zweit. Was gefällt Ihnen?** Zeigen Sie auf die Fotos und sprechen Sie.

◆ Sommer auf Sylt! Das ist cool! / super! / toll! ○ Ja, da kann man schwimmen ...

A

Frühling, Sommer ...

Vokabeln, Hören und Sprechen Urlaub und Jahreszeiten **Lesen und Grammatik** Konjunktiv II
Sprechen Wer war schon wo?

VOKABELN, HÖREN UND SPRECHEN

54 **1** **Suchen Sie in der Wortliste im Anhang und ergänzen Sie den Singular.** Dann hören und prüfen Sie.

1	● *der Strand*	● Strände	
2	●	● Berge	
3	●	● Museen	
4	●	● Seen	
5	●	● Cafés	
6	●	● Clubs	

55 **2** **EINS online macht eine Umfrage.** Zu zweit. Hören Sie und ordnen Sie die Fotos und Personen zu.

EINS online

Nur eine Frage! Wann machst du gerne Urlaub?

1

2

3

4

	ich
a Carla, 24, Hamburg Im Winter.	○
b Tina, 28, Dresden Im Sommer.	○
c Johannes, 42, Graz Im Herbst.	○
d Tim, 29, Berlin Im Frühling.	○

Wann? | ● Im Sommer.

55 **3** **Wer hat die Fragen wohl so beantwortet?** Lesen Sie und ergänzen Sie: Carla, Tina, Johannes, Tim. Dann hören und prüfen Sie.

		ich
1 Wie muss das Wetter sein?		
a Sonnig und sehr warm.	*Tina*	○
b Kalt und viel Schnee.	....	○
c Kühl, ein bisschen Sonne und Wind.	....	○
d Nicht so warm und viel Sonne.	....	○
2 Was machst du gerne?		
a Snowboarden.	....	○
b Schwimmen, an den Strand gehen.	....	○
c Sehenswürdigkeiten besichtigen.	....	○
d Wandern.	....	○
3 Wo machst du gerne Urlaub?		
a In Rom, London, Paris ...	....	○
b Auf Sylt, Mallorca ...	....	○
c In Österreich, Bayern ...	....	○
d In Spanien, Frankreich ...	....	○

4 **Und Sie?** Kreuzen Sie in 2 und 3 an (○). Dann vergleichen Sie mit Ihrer Partnerin / Ihrem Partner und fragen und antworten Sie.

Wo?	In Madrid.
	In Spanien.
	Auf Mallorca.

◆ Wann machst du gerne Urlaub? ○ Im ...
◆ Wie muss ...? ○ Sonnig ...
...

Ich war noch nie ...

5 **Welcher Jahreszeiten-Typ sind Sie?** Alle im Kurs.
Machen Sie eine Umfrage und stellen Sie sich in Gruppen auf.

◆ Welcher Jahreszeiten-Typ bist du?
○ Ein Sommertyp. Ich mache gerne im Sommer Urlaub. Ich bin im Sommer geboren.
▲ Ein Wintertyp. Ich liebe Schnee.

EXTRAS
● Jahreszeit = Frühling, Sommer ...

Frühlingstyp	*Nina, Carla*

LESEN UND GRAMMATIK

6 **Ordnen Sie Fragen und Antworten zu.** Dann ergänzen Sie die Tabelle unten.

EXTRAS
allein

1 **Frage von SnowboardDog 19.03.** Hallo, ich bin 15 und würde gerne allein nach Paris fahren.

2 **Frage von NiniNa 14.05.** Wir sind 15 und 16 und würden gerne Campingurlaub machen!! Am Bodensee.

a **Antwort von IamRocK 14.05.** Ruft da an und fragt.

b **Antwort von rolfimtolf2 9.03.** Kein Problem! Ich bin 13 und fahre allein nach Holland :). Paris ist toll!!!

	2		Ende
Ich	....	gerne allein	fahren.
Du	würdest		
Er/Es/Sie	würde		
Wir	....		
Ihr	würdet		
Sie/Sie	würden		

Wohin?	Nach Paris.

56 **7** **Hören und wiederholen Sie.** Spielen Sie dann neue Dialoge und variieren Sie mit *Rom, Madrid, Athen* und *Italien, Spanien, Griechenland*.

◆ Ich würde gerne mal nach Paris fahren.
○ Ich auch, denn ich war noch nie in Frankreich.

57 **8** **Der Alltags-Rap.** Welche Stadt / Insel hören Sie? Unterstreichen Sie.

57 **9** **Alle im Kurs. Hören Sie 8 noch einmal und sprechen Sie mit.**

ALLTAGS – RAP

Morgens aufstehn, Stau und Job!
Alltag, Alltag! Alltag, Alltag!
Büro, Kinder, nur noch Stress!
Alltag, Alltag! Alltag, Alltag!
Abends fernsehen, früh ins Bett!
Alltag, Alltag! Alltag, Alltag!

Ich würde so gern mal
nach Berlin / New York fahren.
Ich würde so gern mal
nach Rügen / Hawaii fahren.
Nach Stuttgart / San Francisco,
Mann, da war ich nie!

SPRECHEN

10 **Ja, das kann ich ...** Wer war schon wo? In Gruppen. Fragen und antworten Sie.

◆ Warst du schon in ...?
○ Nein, noch nie. Aber ich möchte gerne mal nach ...
▲ Ja, aber erst einmal. Und ich möchte gerne wieder nach ...
□ Ja, schon oft. Aber ich würde gerne noch einmal nach ...

Die Insel

Lesen Urlaub **Hören und Grammatik** *welch-*, Nominativ **Sprechen** Lieblingsorte

LESEN

1 Starten wir! Zu zweit. Welche Wörter zum Thema *Urlaub* möchten Sie lernen? Sehen Sie im Wörterbuch nach.

der Urlaub — *die Insel*

TIPP
Nutzen Sie Online-Wörterbücher. Sie können die Wörter auch hören.

58 **2 Karen Schneider arbeitet für das Reiseportal *Willkommen in D*.** Zu zweit. Hören und lesen Sie das Interview und ordnen Sie die Fragen zu.

Und was gibt es auf Sylt? Was kann man da machen? | Wo liegt denn Sylt? | Und wie kommt man da hin? | Welche Jahreszeit ist denn ideal?

EXTRAS
- Urlaubsort = Sylt, Hawaii …

Wo liegt …? = Wo ist …?

km = Kilometer

www.sylt.de

1 ....
Sylt ist eine Insel. Sie liegt in der Nordsee, im Norden von Deutschland.

2 ....
Man kann fliegen, jeden Tag von Frankfurt, Berlin … Oder man fährt mit dem Zug bis Westerland.

3 ....
Sylt hat 40 km Strand. Man kann schwimmen, wandern, windsurfen, segeln und Golf spielen. Es gibt Restaurants und viele, viele Bars, Clubs und Discos. Da kannst du tanzen und feiern.

4 ....
Der Sommer! Klar, dann ist es warm und sonnig. Und es sind viele Touristen auf der Insel. Oder man fährt im Frühling oder Herbst. Sylt ist eigentlich immer wunderschön!

58 **3 Zu zweit. Hören Sie noch einmal und prüfen Sie.** Dann lesen Sie das Interview mit verteilten Rollen.

HÖREN UND GRAMMATIK

59 **4 Sie hören die Stefan-Haab-Show auf TV Berlin.** Zwei Kandidaten spielen um 1 Million Euro. Hören Sie und spielen Sie mit. Was fehlt? Ergänzen Sie.

EXTRAS
fehlt = ist nicht da

1 Welcher Monat fehlt?
September
Dezember
.... ?
Oktober
November
Februar

2 Welches Land fehlt?
Deutschland
Österreich
.... *?
Liechtenstein
Luxemburg
Belgien*
Südtirol (Italien)

*deutschsprachiger Teil

3 Welche Stadt fehlt?
Berlin (3,5 Millionen)
Hamburg (1,8 Millionen)
Wien (1,7 Millionen)
München (1,3 Millionen)
.... ?

5 Lesen Sie 4 noch einmal und ergänzen Sie die Tabelle.

● ....er Monat?	● ....es Land?	● ....e Stadt?	● Welche Länder?

Ich war noch nie ...

6 **Mehr Fragen aus der Stefan-Haab-Show.** Zu zweit. Schreiben Sie.

Sie sehen ...

1 die TOP 5 Städte Europas. (● Stadt) → *Welche Stadt fehlt?*
2 die Wochentage. (● Wochentag) →
3 die großen deutschen Nordsee-Inseln. (● Insel) →
4 die berühmten Museen in Berlin. (● Museum) →
5 fünf Sprachen in Europa. (● Sprachen) → *fehlen?*

7 **Quiz.** Zu dritt. Raten Sie und ordnen Sie zu.

◆ Welche Insel ist das? ○ Das ist ... / Ist das nicht ...? ▲ Nein, das ist doch ...

A

B

C

Insel?

1 ◯ Hawaii
2 ◯ Irland
3 ◯ Sylt

A

Land?

1 ◯ Österreich
2 ◯ Deutschland
3 ◯ die Schweiz

B

C

A

B

Urlaubsort?

1 ◯ Cancun
2 ◯ der Spitzingsee
3 ◯ St. Tropez

C

SPRECHEN

8 **Ja, das kann ich ...** Welcher Urlaubsort zu welcher Jahreszeit? Bilden Sie Jahreszeiten-Gruppen wie in A5. Jede Gruppe wählt zwei Urlaubsorte.

◆ Welcher Ort ist dein Lieblingsort?
Wohin würdest du gerne fahren?

◆ ☺ Ja, ... mag ich auch.
Ja, cool! Nach ... möchte ich auch.

☹ Nein, ... mag ich nicht.
Nein, nach ... möchte ich nicht.

9 **Alle im Kurs. Berichten Sie.**

◆ Wir sind die Gruppe „Frühling“. Unsere Lieblingsorte sind Rom und Sylt.

hotels.com

Lesen Hotel oder Jugendherberge? **Hören und Lesen** Und wie war's? **Sprechen und Schreiben** Urlaub im Kurs

LESEN

1 **Starten wir!** Lieblingsinseln. Alle im Kurs. Gehen Sie umher und fragen Sie.

◆ Wie heißt deine Lieblingsinsel?
○ Hawaii. Und deine?

2 **Emma, Martha, Paul und Fabio machen Urlaub auf Sylt.**
Wo übernachten Sie? Zu zweit. Lesen Sie, raten Sie und kreuzen Sie an.

◆ Ich glaube, sie nehmen das Hotel. Da gibt es ...
○ Hm, oder die Jugendherberge. Die ist nicht so teuer.

○ **Pension** ★★ **Westerland**
Einzel- und Doppelzimmer mit Dusche / WC
Café mit Terrasse
ab 99 € mit Frühstück

○ **Hotel Atlantik** ★★★★★
Doppelzimmer, Suites
Bar, Fischrestaurant,
Fitness, Sauna, Terrasse
Frühstücksbuffet
ab 249 €

○ **Jugendherberge**
Meer und viel Spaß
Übernachtung / Frühstück 19,80 €

○ 45 €, Sylt, **„Meerblick"**
Appartement, 2 – 3 Personen

TIPP
Lesen Sie Portale wie HRS®, airbnb® oder hotels.com®. Suchen Sie Hotels an Ihren Lieblingsorten. Das macht Spaß!

EXTRAS
- Pension
- Hotel
- Jugendherberge
- Appartement

übernachten = schlafen

- Übernachtung = Nacht (im Hotel)
- Einzelzimmer = Zimmer für 1 Person
- Doppelzimmer = Zimmer für 2 Personen

3 **Lesen Sie 2 noch einmal und ordnen Sie zu.**

übernachten	*Pension*
Zimmer	*Einzelzimmer*
Extras	*Terrasse*

4 **Und Ihr Urlaub?** ***airbnb*** **macht eine Umfrage.** Zu zweit. Ergänzen Sie und kreuzen Sie an (○).

www.airbnb.de

1 **Wo warst du?** ○Ⓕ In Frankreich. ○Ⓕ Auf Sylt. In / Auf ....
2 **Wie war's?** ○Ⓕ Super! ○Ⓕ Schön. ○Ⓕ Gut. ○Ⓕ Na ja.
3 **Wie war das Wetter?** ○Ⓕ Sehr schön. ○Ⓕ Es geht. ○Ⓕ Schlecht.
4 **Wo hast du übernachtet?**
○Ⓕ In einem Hotel. ○Ⓕ In einer Jugendherberge. ○ In ....
5 **Wie lange warst du in / auf** ....**?**
○Ⓕ Eine Woche. ○Ⓕ Zwei Wochen. ○ ....

EXTRAS
Wie war's?
= Wie war es?

Wie lange?
Eine Woche.

HÖREN UND LESEN

60 **5** **Fabio trifft Emilia, eine Freundin, im Fitness-Studio.** Hören Sie und sehen Sie 4 an.
Was sagt Fabio? Kreuzen Sie an (Ⓕ).

6 ***haben*** **oder** ***sind*?** Zu zweit. Lesen Sie und ergänzen Sie die Tabelle unten.

◆ Nein, nein, wir sind gerade gekommen. Steffi ist auch da. Und wie geht's?
○ Gut. Und dir?
◆ Sehr gut. Ich war in Urlaub.
○ In Urlaub? Wo denn?
◆ Auf Sylt. Mit Emma, Paul und Martha.
○ Und wie war's?
◆ Super! Ich liebe Sylt.
○ Und das Wetter?
◆ Na ja, es geht. Ein bisschen kühl, aber es hat nicht geregnet.
○ Was habt ihr denn so gemacht?
◆ Wir sind an den Strand gegangen und haben Wanderungen gemacht. Wir sind Fahrrad gefahren und haben viel gesehen. Und wir haben gut gegessen und getrunken. Und viel geschlafen.
○ Und abends? Seid ihr in Clubs gegangen?
◆ Klar! Es gibt …

wir	gesehen
	gegessen
	getrunken
	geschlafen

wir	gekommen
	gegangen
	gefahren

Wir	sind	an den Strand	gefahren.
Wir	sind	in Clubs	gegangen.

60 **7** **Zu zweit. Hören Sie 5 noch einmal.** Dann lesen Sie 6 mit verteilten Rollen.

61 **8** **Zu zweit. Hören und wiederholen Sie.** Dann spielen und variieren Sie.

◆ Hi, Anna. Wollen wir Fahrrad fahren? Hast du Lust?
○ Nein, ich bin gestern schon Fahrrad gefahren.

Pizza essen | an den Strand gehen | einen Film sehen | Ski fahren

SPRECHEN UND SCHREIBEN

9 **Und Ihr Urlaub?** Fragen Sie Ihre Partnerin / Ihren Partner.

◆ Wo warst du? ◆ Wie war's? ◆ Wie war das Wetter? ◆ Was hast du da gemacht?

10 **Alle im Kurs. Berichten Sie.**

◆ Nina war drei Wochen auf Hawaii. Sie hat viel gesehen. Sie ist …

11 **Ja, das kann ich …** Unser Kurs und Urlaub. Machen Sie eine Liste. Fotografieren Sie die Liste und senden Sie sie mit WhatsApp an alle.

	Wo?	Wie war's?	Wetter?	Was gemacht?
Nina	*Hawaii*	*toll*	*schön*	*Pizza gegessen*
…				

Grammatik Xpress

mehr Übungen im Arbeitsbuch und online

IN, AUF, NACH

1 Ergänzen Sie die Regel im Kasten.

	Wo?			
Wir waren	in Berlin.	Der Urlaubsort ist eine Stadt / ein Land.	→	Präposition = ...
	in Italien.			
	auf Sylt.	Der Urlaubsort ist eine Insel.	→	Präposition = ...

	Wohin?	
Wir fahren	nach Paris.	Wir gehen nach Paris.
	nach Polen.	fahren
		fliegen

	Wann?
• maskulin *(der Frühling)*	Im Frühling.
(der Sommer)	Im Sommer.
(der Januar)	Im Januar.

2 Urlaub. *in, im* oder *auf*? Unterstreichen Sie.

1 *In / Im / Auf* August haben wir Urlaub *in / im / auf* Italien gemacht. Wir waren auch *in / im / auf* Rom und haben Museen besucht. Super! Aber *in / im / auf* Sommer ist Rom sehr warm!
2 *In / Im / Auf* Frühling waren wir *in / im / auf* Sylt. Die Insel ist toll! Sie hat 40 km Strand.
3 Und wir haben auch *in / im / auf* Winter Urlaub gemacht. Wir waren *in / im / auf* Bad Tölz. Das ist *in / im / auf* Bayern.

3 Ordnen Sie zu und ergänzen Sie *nach* oder *in*.

du schon mal .... Italien? | liebe Spanien. | ~~noch nie .... Frankreich.~~ | noch nie .... Brasilien.

◆ Komm, wir fahren (1) .... Paris. Ich war (2) *noch nie in Frankreich.*
○ Ich würde gerne mal (3) .... Sao Paulo fliegen. Ich war (4) ....
◆ Also, ich fahre auch gerne (5) .... Italien, (6) .... Rom oder Neapel. Warst (7) ....
○ Nein. Aber ich war schon (8) .... Spanien. Ich (9) ....

KONJUNKTIV II

Verwendet man bei Wünschen.

	Konjunktiv II
ich	würde gehen
du	würdest gehen
er / es / sie	würde gehen
wir	würden gehen
ihr	würdet gehen
sie / Sie	würden gehen

würde im Satz:

	2		Ende
Ich	würde	gerne nach Paris	fahren.
Wir	würden	gerne ins Kino	gehen.

4 Schreiben Sie Ihre Wünsche.

1 auf Hawaii Urlaub machen
2 das Pergamon Museum besuchen
3 in New York einkaufen
4 im Hotel übernachten
5 im Restaurant essen
6 nach Rom fahren

1. Ich würde gerne mal auf Hawaii Urlaub machen.

Ich war noch nie …

WELCH-

5 **Gute Frage.** Ergänzen Sie *welcher, welches, welche.*

Nominativ	
● maskulin	Welcher Urlaubsort ist das?
● neutral	Welches Land ist?
● feminin	Welche Insel ist das?
● Plural	Welche Inseln sind das?

1 Hawaii oder Malta? Welche (●) Insel ist das?
2 VW oder Mercedes? .... (●) Auto ist das?
3 Deutschland oder Frankreich? .... (●) Land ist das?
4 Montag oder Dienstag? .... (●) Tag ist heute?
5 Englisch, Deutsch, Spanisch …? .... (●) Sprachen spricht sie?
6 Blau oder schwarz? .... (●) Farbe ist das?
7 Die Kanaren oder die Malediven? .... (●) Inseln sind das?

PERFEKT MIT *HABEN*

Das Perfekt für Vergangenes

Infinitiv	→	Partizip Perfekt
regelmäßig		ge- …t
lernen	→	gelernt
machen	→	gemacht
unregelmäßig		ge- …en
sehen	→	gesehen
essen	→	gegessen
trinken	→	getrunken
schlafen	→	geschlafen

Perfekt mit *haben* im Satz:

	2			Ende
Wir	haben		eine Wanderung	gemacht.
Dann	hat	er	gut	geschlafen.

PERFEKT MIT *SEIN*

Infinitiv	→	Partizip Perfekt
		ge- …en
kommen	→	gekommen
fahren	→	gefahren
gehen	→	gegangen

Perfekt mit *sein* im Satz:

	2			Ende
Wir	sind		gerade	gekommen.
Ich	bin		an den Strand	gefahren.
Dann	ist	sie	zu Fuß	gegangen.

6 **Was ist richtig?** Unterstreichen Sie.

◆ Und was (1) *seid / habt* ihr so auf Mallorca gemacht?
○ Wir (2) *haben / sind* gut gegessen, viel geschlafen und Wanderungen gemacht. Und wir (3) *sind / haben* viel gesehen.
◆ Cool! Und wie war das Wetter?
○ Super! Wir (4) *haben / sind* oft an den Strand gegangen.
◆ (5) *Habt / Seid* ihr auch Sport gemacht?
○ Ja, ein bisschen. Wir (6) *haben / sind* Fahrrad gefahren und ins Fitness-Studio gegangen.

Xtra Lesen

Ich war noch nie … Kempinski Hotels

1 **Kennen Sie Kempinski Hotels?** In welchen Städten gibt es Kempinski Hotels? Alle im Kurs. Raten und sammeln Sie.

Kempinski Hotels — Dubai

2 **Das Kempinski-Quiz.** Zu zweit. Raten Sie und kreuzen Sie an.

1 Wie viele Kempinski Hotels gibt es?
○ 35 ○ 54 ○ 79

2 Das Hotel Adlon Kempinski ist in …
○ Berlin. ○ Wien. ○ Zürich.

3 Berthold Kempinski war ein …
○ Geschäftsmann aus Polen.
○ Manager aus den USA.
○ Hotelier aus Moskau.

4 Berthold Kempinski hat lange …
○ in New York gelebt.
○ in Berlin gelebt.
○ in München gelebt.

3 **Lesen Sie den Text und prüfen Sie Ihre Antworten in 2.**

www.beruehmte-hoteliers-blog.de

Wer kennt sie nicht, die Kempinski Hotels? Sie stehen für Luxus, Exklusivität und Eleganz. Es gibt sie in Moskau, Peking, Bangkok … Und auch in Berlin! Das Hotel Adlon Kempinski, nicht weit vom Brandenburger Tor, ist berühmt und eine der besten Adressen in Europa und der Welt. Die Gäste fühlen den legendären Mythos dieses Hotels im Zentrum der Hauptstadt. Es gibt persönliche Butler und Limousinenservice. Und von manchen Suiten haben Hotelgäste einen absolut spektakulären Blick direkt auf das Brandenburger Tor.

Doch wer war Kempinski? Hier seine Biografie:
Berthold Kempinski, 1843 in Raschkow bei Posen (Polen) geboren, ist Geschäftsmann. In Raschkow hat er ein Weingeschäft und verkauft Weine aus Ungarn. 1872 geht er mit seiner Frau, Helena, nach Berlin. Seine Restaurants auf der Friedrichstraße und auf der Leipziger Straße sind sehr erfolgreich. Bis zu 10.000 Gäste essen dort täglich. Sein Business Modell: Luxus für alle und „halbe Portionen zum halben Preis". Kempinski ist 1910 in Berlin † gestorben. Seit 1970 tragen die Hotels seinen Namen. Heute gibt es 79 Hotels in 31 Ländern.

4 **Kempinskis Leben in Kürze.** Ergänzen Sie.

hat … gelebt | war | ist … gestorben | ist … geboren | war

1 Berthold Kempinski …… 1843 in Polen …… .
2 Er …… Geschäftsmann.
3 Von 1872 bis 1910 …… er in Berlin …… .
4 Sein Business Modell …… einfach: Luxus für alle und „halbe Portionen zum halben Preis".
5 Kempinski …… 1910 in Berlin …… .

5 **Zu zweit. Suchen Sie Infos über César Ritz im Internet.** Dann schreiben Sie einen Text wie in 4.

Bist du fit?

Der Körper:

1 *der Arm*
2 ....
3 ....
4 ....
5 ....
6 ....
7 ....
8 ....
9 ....

1 **Zu zweit. Sehen Sie die Skizze an.** Anna ist im Fitness-Studio. Was macht sie? Kreuzen Sie an.

○ Step ○ Pilates ○ Yoga

2 **Ergänzen Sie die Skizze.** Schreiben Sie mit Artikel.

• ~~Arm~~ • Kopf • Auge • Bein • Fuß • Mund • Hand • Bauch • Haar

62 **3** **Hören und wiederholen Sie.**

A Mein Lieblingssport

Vokabeln Körperteile **Hören, Lesen und Sprechen** Sportarten **Sprechen** Welcher Sport gefällt dir?

VOKABELN

63 **1 Hören Sie die Körperteile im Plural.** Schreiben und sortieren Sie.

• ~~Agune~~ • Biene • Kpföe • Amre • üFße • Hnäde • aHaer

die Augen
die ...

63 **2 Hören Sie noch einmal und wiederholen Sie.**

3 Zu zweit. Welche Körperteile möchten Sie noch lernen? Suchen Sie im Wörterbuch und ergänzen Sie die Skizze auf Seite 121.

EXTRAS
• Körperteil = Arm, Bein etc.

TIPP
Spielen und lernen: laden Sie die App *phase6 hallo Deutsch Erwachsene* auf Ihr Smartphone und wählen Sie das Thema *Körper*.

HÖREN, LESEN UND SPRECHEN

64 **4 Zu zweit. Lesen Sie die Webseite von TV Digital.** Hören und ergänzen Sie.

TV DIGITAL

Programm heute – Was gefällt dir?

14:15 Wimbledon

T...n n...s ○ gefällt mir

17:05 Liga total

F...ß b...l l ○ gefällt mir

22.30 Sport live

B...x...n ○ gefällt mir

5 Lesen Sie die Grafik. Welcher Sport ist der Lieblingssport der Deutschen? Ergänzen Sie. Vergleichen Sie dann mit Ihrer Partnerin / Ihrem Partner.

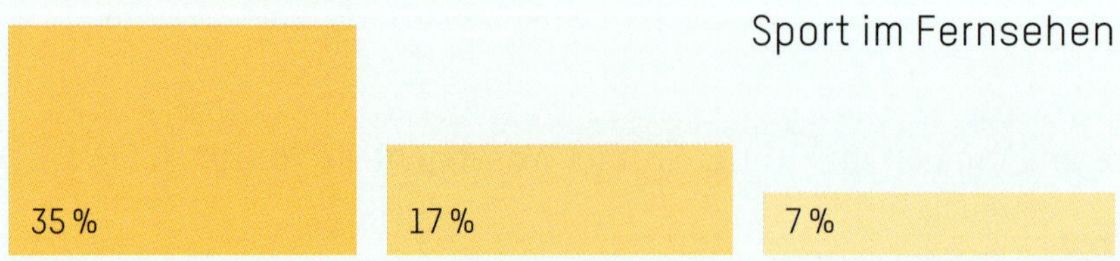

1 .... 2 .... 3 ....

EXTRAS
% = Prozent

TIPP
Lesen Sie die Statistik laut. Lesen Sie so: 35 Prozent *sehen gerne* ...

◆ Ich glaube, ... ist in Deutschland der Lieblingssport.
○ Stimmt!
○ Also, ich weiß nicht. Ich glaube, ...

65 **6 Hören und prüfen Sie.**

7 **Und in Österreich und der Schweiz?** Zwei Fernsehmoderatoren berichten. Zu zweit. Partner(in) A ◆ liest Blog A, Partner(in) B ○ liest Blog B. Dann informieren sich die Partner.

Blog A www.orf/blog/hansi/sport.at

Für uns Österreicher sind Ski alpin und Skispringen die Top-Sportarten im Fernsehen. Österreichische Athleten sind absolute Weltklasse. Aber wir sind auch große Fußballfans und Fußball kommt auf Platz 3. Wir haben eine Bundesliga und sehr gute Spieler. Viele spielen auch in der Bundesliga in Deutschland. Bayern-Star David Alaba ist ein berühmtes Beispiel.

Blog B www.sportlounge/blog/ina/sport.ch

Auch die Schweizer sehen gerne Fußball im Fernsehen. Aber Wintersport ist bei uns natürlich sehr wichtig. Ski alpin ist in der Schweiz die Sportart Nummer eins. Und auf Platz drei steht Tennis. Wir haben sehr, sehr gute Tennisspieler. Sie brillieren immer wieder in Turnieren wie Wimbledon. Aber auch die Australian Open und Roland Garros sind bei uns große Events in den Medien.

EXTRAS

Ski alpin

Skispringen

◆ / ○ Auch die	Österreicher Schweizer	sehen gerne mögen gerne	Fußball.

In	der Schweiz Österreich	ist / sind ...	die Top-Sportart(en). die Sportart Nummer eins. sehr beliebt.

EXTRAS
Bei Sportarten **kein** Artikel!
Wir mögen ~~den~~ Fußball.

65 🔊 **8** **Hören Sie 6 noch einmal und ergänzen Sie *mir* oder *dir*.**

1 Hilfst du ....? **2** Ja, die gefallen .... auch. **3** Ich danke ....

ich	→	mir
du	→	dir

66 🔊 **9** **Zu zweit. Hören Sie die Dialoge und sortieren Sie.**

☺ *Dialog 1*
○ ◆ Ja, sehr. Und dir?
○ ○ Sag mal, gefällt dir die Sportschau?
○ ○ Mir auch!

☹ *Dialog 2*
○ ○ Mir auch nicht!
○ ○ Sag mal, gefällt dir der Yogakurs?
○ ◆ Nein, eigentlich nicht. Und dir?

10 **Zu zweit. Kopf** (Münze) **oder Zahl** (Münze)**?** Spielen und variieren Sie die Dialoge in 9.

Spielen Sie so: Kopf = ☺ Dialog 1
Zahl = ☹ Dialog 2

- Basketball-Spiel
- Fitness-Studio
- Trainer
- Fußball-Spiel
- Trainerin
- Tennismatch

SPRECHEN

11 **Alle im Kurs. Welche Sportarten kennen Sie?** Sammeln Sie an der Tafel. *Basketball — Sport*

12 **Ja, das kann ich ...** Wer mag welchen Sport? Gehen Sie im Kursraum umher und fragen Sie. Bilden Sie Fan-Gruppen: *Fußball, Basketball* ... Welcher Sport ist die Nummer eins im Kurs?

◆ Welche Sportart gefällt dir?
◆ Und dein Lieblingssport?

○ Ich mag ... / Mir gefällt ...
○ Mein Lieblingssport ist ...

Gefällt mir!

Lesen und Grammatik Personalpronomen, Dativ **Sprechen und Schreiben** Fitness und Leben
Sprechen Mein Lieblingssport

LESEN UND GRAMMATIK

1 **Starten wir!** Alle im Kurs. Ergänzen Sie Sportarten.

S
P
S N O W B O A R D E N
R
T

2 **Zu zweit. Lesen Sie und ordnen Sie Fotos und Texte zu.**

www.deutsch.institut.de

Lerner(innen) schreiben Texte.

Mein Lieblingssport

1 Ich heiße Maria (21) und komme aus Chile. Mein Lieblingssport ist Tennis. Ich spiele dreimal pro Woche mit einer Freundin. Tennis spielen ist teuer. Aber wir spielen an der Universität. Das ist okay und kostet nichts.
Tennis gefällt ihr. 👍

2 Ich bin Jonathan (20) und wohne in San Diego. Basketball ist mein Sport. Ich spiele im Team der Universität. Ich bin ein Fan von Dirk Nowitzki. Er kommt aus Deutschland und spielt bei den Dallas Mavericks. Dirk gefällt mir. Er ist super cool.
Basketball gefällt ihm. 👍

3 Ich heiße Mariona (20) und lebe in Madrid. Ich laufe gerne, eine halbe Stunde jeden Tag. Aber Fußball ist mein Lieblingssport. Ich habe schon mit fünf gespielt. In der Schule trainiere ich mit Freundinnen, so zweimal pro Woche. Ich bin Fan von Real Madrid. Das Trikot gehört mir. Das hat mir Ronaldo geschenkt.
Fußball gefällt ihr. 👍

4 Mein Name ist Sébastien (18), und ich wohne in Lyon. Schwimmen ist mein Lieblingssport. Ich trainiere jeden Tag. Mit vier Jahren habe ich schwimmen gelernt. Im August fahren wir zum World Cup nach Berlin. Mein Vater ist mein Trainer und mein Freund. Das hilft mir sehr.
Schwimmen gefällt ihm. 👍

A

B

C

D

EXTRAS
Wie oft?
einmal (1x) / zweimal (2x)
pro Woche / pro Monat

laufen = joggen

... gehört mir. = Das ist mein ...

Mit vier (Jahren) ... = Ich war vier.

3 **Zu zweit. Lesen Sie den Text noch einmal und ergänzen Sie die Tabelle.**

	Sport	trainiert wie oft?	Fan von ...?
Maria	*Tennis*		
Jonathan			
Mariona			
Sébastien			

4 **Zu zweit. Lesen Sie den Text noch einmal und unterstreichen Sie *mir*, *ihm* und *ihr*.** Dann ergänzen Sie die Tabelle rechts.

ich	→	....
du	→	dir
er / sie	→	.... / ....

Bist du fit?

SPRECHEN UND SCHREIBEN

5 **Zu zweit. Ergänzen Sie die Sätze.**

Das schmeckt **mir**. | ~~Kann ich **dir** helfen?~~ | Es geht **ihm** gut. | Das Leben gefällt **ihr**. | So gefällt's **mir**. | Ich danke **dir**.

Fitness und Leben – bleib cool!

1 Hallo, was möchtest **du**?

*Kann ich **dir** helfen?*

2 **Ich** tue nichts.
Ich relaxe und liebe das Leben.

3 **Sie** trifft eine Freundin.
Sie lacht und redet gern.

4 Er träumt, **er** hört Musik.

5 **Du**, das Training war super!

6 **Ich** esse gerne Pizza. Hm!

6 **Suchen Sie die Verben in 5 und ergänzen Sie die Tabelle.**

Kann ich	dir *helfen* ?
Das Leben …………	ihr.
Es …………	ihm gut.
Ich …………	dir.
Das …………	mir.

67 **7** **Emma im Fitness-Studio.** Zu zweit. Hören und sortieren Sie.

- ◯ ◆ Und was meint dein Freund?
- ◯ ◆ Gerne. Gefällt dir der Kurs?
- ◯ ○ Ja, wo ist heute Step?
- ◯ ◆ Kann ich dir helfen?
- ◯ ○ Ja, sehr.
- ◯ ○ Danke.
- ◯ ○ Ihm gefällt's auch.
- ◯ ◆ In Raum 2.

8 **Wo ist heute was?** Zu zweit. Wählen Sie eine Sportart. Dann variieren und spielen Sie den Dialog in 7.

Thaiboxen I Raum 3 | Aerobic I Raum 5 | Yoga I Raum 4 | Pilates I Raum 1

SPRECHEN

9 **Ja, das kann ich ...** Und Ihr Lieblingssport? Schreiben Sie und zeichnen Sie ein einfaches Bild. Machen Sie dann ein Kursposter aus allen Arbeiten.

Mein Lieblingssport ist … / Mir gefällt …
Ich spiele gerne … / liebe ... / mag …
Ich spiele … jeden Tag.
einmal / … pro Woche / pro Monat.
Mit fünf Jahren habe ich … gelernt.
Ich habe schon mit fünf Jahren … gespielt.

Fitness

Grammatik Imperativ, *ihr* **Hören, Lesen und Grammatik** Possessivartikel *unser(e)*
Schreiben und Sprechen Cool-down im Kurs

GRAMMATIK

1 **Starten wir!** Zu zweit. Sehen Sie noch einmal die Skizze auf Seite 121 an. Zeigen Sie auf einen Körperteil und machen Sie eine Echoübung

◆ Was ist das? → ○ Der Kopf. → ◆ Der Kopf? → ○ Ja, der Kopf! Und was ist das? → ◆ ...

68 🔊 **2** **Cool-down auf der EASYFIT App.** Zu zweit. Hören und ergänzen Sie die Körperteile.

1

2

3

4

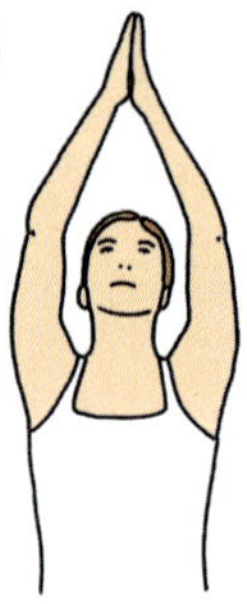

COOL-DOWN

1 ⏱ 1 Minute
Macht die *Augen* zu! Seid ganz entspannt! Macht die .... wieder auf! Play

2 ⏱ 1 Minute
Steht auf! Hebt das ....! Zuerst links, dann rechts! Play

3 ⏱ 1 Minute
Legt den .... nach rechts, dann nach links! Play

4 ⏱ 1 Minute
Hebt beide ....! Play

⏱ 1 Minute
Atmet langsam ein, dann wieder aus! Play

Musik Start

EXTRAS

zumachen

aufmachen

beide Arme = zwei Arme

3 **Zu zweit. Lesen Sie 2 noch einmal und ergänzen Sie die Tabellen.**

	→ ihr
sein	*Seid* entspannt!
legen	*Legt* den Kopf nach rechts!
heben	.... das Bein!

	→ ihr
zu/machen	.... die Augen zu!
auf/stehen	.... auf!
ein/atmen	.... langsam ....!

4 **Was sagt Ihr(e) Deutschlehrer(in)?** Schreiben Sie.

die Bücher zumachen | das Fenster aufmachen | den Dialog schreiben | die Vokabeln lernen | den Text lesen | nicht so laut sein | die richtige Antwort ankreuzen

EXTRAS
ankreuzen ☒

Macht bitte die Bücher zu!

68 🔊 **5** **Alle im Kurs. Bilden Sie Fan-Gruppen wie in A12.** Hören Sie 2 noch einmal und machen Sie ein Cool-down.

TIPP
Viele Verben wie *aufstehen, einatmen* etc. kann man spielen. Spielen und sprechen Sie! Das ist ideal fürs Lernen!

Bist du fit?

HÖREN, LESEN UND GRAMMATIK

69 **6** **Hören Sie das Interview im Radio.** Was ist richtig? Kreuzen Sie an. Dann hören Sie noch einmal und prüfen Sie.

1 ○ Jörg ist Chef von EASYFIT.
2 ○ Jörg hat das Fitness-Studio seit 15 Jahren.
3 ○ Die U-Bahn ist nicht weit.
4 ○ Bei EASYFIT sind alle jung.
5 ○ Man kann jeden Tag kommen.

69 **7** **Zu zweit. Lesen Sie die Anzeige.** Sie hat vier Fehler. Hören Sie das Interview in 6 noch einmal und suchen Sie die Fehler.

EASYFIT

Unser Fitness-Studio auf dem Land:
Für Jung und Alt! Bleiben Sie fit!

Unsere Kurse: Pilates, Step, Thaiboxen, Yoga etc.
Unser Team: Vierzehn Trainerinnen und Trainer sind für Sie da.
Extras: Sauna, Solarium, Sonnenterrasse.
Kosten: Sie zahlen 84 € pro Monat.

EASYFIT ist jeden Tag von 9.00 bis 23.00 geöffnet.

Unsere Adresse:
Südring 24, 80337 München, U3 / U6 (Poccistraße)
Kontakt: joerg-keil@EASYFIT.de

8 **Unterstreichen Sie alle Formen von *unser(e)* und ergänzen Sie die Tabelle.**

● unser	Trainer
●	Team
● ....e	Adresse
● ....e	Kurse

70 **9** **Emma und Paul im Fitness-Studio.** Zu zweit. Hören und ergänzen Sie.

◆ Und wie g...f...llt d...r Step?
○ Toll! ...ns...r... Trainerin ...st Klasse!
◆ Aha?!

10 **Spielen Sie den Dialog in 9 und variieren Sie mit *Trainer* und *Yoga, Pilates, Thaiboxen* ...**

SCHREIBEN UND SPRECHEN

11 **Zu zweit. Was sagt die Trainerin / der Trainer?** Schreiben Sie Übungen auf eine Karte und variieren Sie die Reihenfolge.

Atmet ein, dann atmet aus!
Hebt beide ...

das Bein heben, zuerst links dann rechts | beide Arme heben | die Augen aufmachen / zumachen | den Kopf nach links / rechts legen | entspannt sein | einatmen / ausatmen

12 **Ja, das kann ich ...** Alle im Kurs. Sammeln und mischen Sie die Karten. Ein Kursteilnehmer spielt die Trainerin / den Trainer und nimmt eine Karte. Alle tun, was sie / er sagt. Viel Spaß!

D

Schnupfen und Husten

Vokabeln und Sprechen Das tut weh! **Hören und Grammatik** Modalverb *dürfen* **Sprechen** Rollenspiel

VOKABELN UND SPRECHEN

1 Starten wir! Alle im Kurs. Machen Sie ein Warm-up.

◆ Steht auf. Macht ...

71 🔊 **2 Zu zweit. Hören Sie und ordnen Sie zu.**

1 Mein Bein tut weh.
2 Ich habe Schnupfen.
3 Ich habe Husten.
4 Du hast ja Fieber.
5 Mein Bauch tut weh.

A

B

C

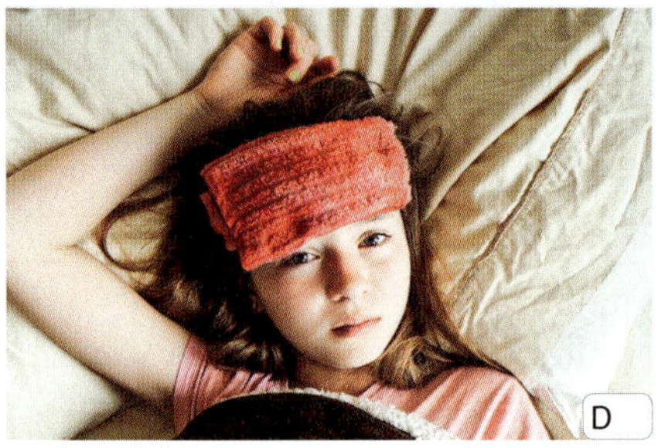
D

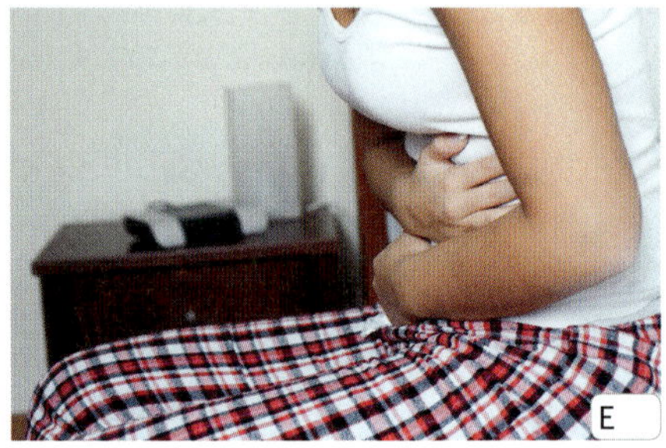
E

72 🔊 **3 Hören und wiederholen Sie.**

73 🔊 **4 Hören und schreiben Sie.** Dann spielen Sie Dialoge und variieren Sie: *mein Bein, ...*

◆ WIEGEHT'SDIRHEUTE?
○ ACH,NICHTSOGUT.MEINBAUCHTUTWEH.
◆ OJE!DANNGEHZUMARZT!

Wie geht's dir ...

● zum Arzt / Doktor →

5 In Gruppen. Was tut weh? Was haben Sie? Spielen Sie Pantomime.

Alle raten: ◆ Dein Bein tut weh. / ○ Du hast ...

HÖREN UND GRAMMATIK

74 🔊 **6 Zu zweit. Hören Sie.** Wer sagt was? Ergänzen Sie A für Arzt und P für Patientin.

(A) Guten Morgen, Frau Hell. Wie geht es Ihnen?
○ Ach, nicht so gut. Ich habe Fieber und Husten.
○ Seit wann?
○ Seit gestern.
○ *Darf/Dürfen* ich mal sehen? Öffnen Sie bitte den Mund. Sagen Sie *Ah*...
○ Aaaah!
○ Na, das sieht nicht gut aus! Also, Sie müssen Tabletten nehmen. Und Sie müssen viel trinken. Tee oder Wasser. Und leicht essen.
○ Ja, gut. Danke. Und *darf/dürfen* ich Sport machen?
○ Nein. Kein Sport! Kein Stress! Auch Rauchen ist verboten!
○ Oh!
○ Und so *darf/dürfen* Sie auch nicht ins Büro. Ich schreibe Sie krank. Bis Mittwoch ...

EXTRAS
● Arzt ● Ärztin
● Patient ● Patientin

öffnen = aufmachen

aus|sehen
Das sieht nicht gut aus.

leicht ↔ schwer

Rauchen verboten!

Bist du fit?

74 **7** ***darf* oder *dürfen*?** Hören Sie 6 noch einmal und unterstreichen Sie. Dann ergänzen Sie die Tabelle rechts.

ich	....
du	darfst
er / es / sie	darf
wir	dürfen
ihr	dürft
sie / Sie	....

8 **Zu zweit. Sie haben Fieber.** Was sagt der Doktor? Schreiben Sie und ordnen Sie zu.

arbeiten | viel trinken | im Bett bleiben | joggen | zu Hause bleiben | Tabletten nehmen | ins Büro gehen | Rad fahren

— Sie dürfen nicht ...   Sie müssen ... —

75 **9** ***darf* oder *muss*?** Zu zweit. Hören und ergänzen Sie.

◆ Oje, du bist doch krank! Warst du beim Arzt?
○ Ja, er sagt, ich .... nicht arbeiten. Ich .... im Bett bleiben.

● beim Arzt / Doktor
krank ↔ gesund

10 **Spielen und variieren Sie den Dialog in 9.**

darf nicht: ins Büro gehen, joggen ...
muss: Tabletten nehmen, zu Hause bleiben ...

11 **Alle im Kurs. Sortieren Sie die Karten und schreiben Sie.**

SS I | ER MU | TT BLEIBEN. | M BE
CHT RAUCHEN? | DA | ICH NI | RF
FST MORGEN NI | RO GEHEN. | DU DAR | CHT INS BÜ

	müssen / dürfen		Ende
Er	muss	im Bett	bleiben.

SPRECHEN

12 **Ja, das kann ich ...** Zu zweit. Rollenspiel: *Beim Arzt*. Schreiben Sie einen Dialog. Dann spielen Sie.

Partner(in) A ◆:
Sie sind krank.

Ich bin krank.
Seit gestern.
zwei Wochen.
...
Ich habe Schnupfen.
Husten.
Mein Bein tut weh.
Meine Hand
...

Partner(in) B ○:
Sie sind Arzt / Ärztin.

Seit wann?
Sie müssen im Bett bleiben.
zu Hause bleiben.
viel Tee / Wasser trinken.
leicht essen.
Tabletten nehmen.
Sie dürfen nicht arbeiten.
ins Büro gehen.
joggen.
Tennis spielen.
rauchen.
Ich schreibe Sie krank. Bis ...

Grammatik Xpress

mehr Übungen im Arbeitsbuch und online

PERSONALPRONOMEN, DATIV

Der Dativ nach *gefallen, gehören, danken, schmecken, helfen* ...

Nominativ	Dativ
ich	mir
du	dir
er / sie	ihm / ihr

Das gefällt	mir.
Ich danke	dir.
Wie schmeckt es	ihr?
Ich helfe	ihm.

Nominativ	Verb	Dativ
Er	gefällt	mir.
Sie	hilft	dir.
Ich	danke	dir.
Das Trikot	gehört	ihr.

1 Ergänzen Sie *mir, dir, ihm, ihr*.

◆ Wie gefällt (1) .... (du) das Fitness-Studio?
○ (2) .... (ich)? Sehr gut.
◆ Und Nina? Was sagt sie?
○ (3) .... (sie) gefällt's auch.

◆ Und? Gefällt (4) .... (du) der Kurs?
○ Ja, ganz gut.
◆ Und Nils?
○ (er) (5) .... gefällt's auch.

IMPERATIV

(ihr)	~~Ihr~~ geht.	→	Geht!
	~~Ihr~~ seid ruhig.	→	Seid ruhig!
	~~Ihr~~ steht auf.	→	Steht auf!

TIPP
Imperativ: Seien Sie höflich.
Sagen Sie immer **bitte**: Geht bitte!

	gehen	lesen	auf/stehen	ein/atmen	sein
(du)	Geh!	Lies!	Steh auf!	Atme ein!	Sei ...!
(ihr)	Geht!	Lest!	Steht auf!	Atmet ein!	Seid ...!
(Sie)	Gehen Sie!	Lesen Sie!	Stehen Sie auf!	Atmen Sie ein!	Seien Sie ...!

2 Schreiben Sie.

 (→ du)

 oder  (→ Sie, formell)

 (→ ihr)

Steh bitte auf! *Stehen Sie bitte auf!* *Steht bitte auf!*

1 ~~aufstehen~~ **2** die Augen zumachen **3** entspannt sein **4** das Bein heben **5** den Text lesen **6** beide Arme heben **7** den Kopf nach rechts legen **8** die Augen aufmachen **9** langsam einatmen

POSSESSIVARTIKEL

	● maskulin		● neutral		● feminin		● Plural	
	ein		*ein*		*eine*		–	
ich	mein	Trainer	mein	Team	meine	Trainerin	meine	Kurse
du	dein	Trainer	dein	Team	deine	Trainerin	deine	Kurse
er / es	sein	Trainer	sein	Team	seine	Trainerin	seine	Kurse
sie	ihr	Trainer	ihr	Team	ihre	Trainerin	ihre	Kurse
wir	unser	Trainer	unser	Team	unsere	Trainerin	unsere	Kurse

wir	unser-	Trainer
	unsere	Trainerin

3 **Annika, eine Trainerin, spricht über EASYFIT.** Ergänzen Sie *unser(e)*.

EASYFIT gibt es seit zehn Jahren. .... (●) Chef heißt Jörg.
.... (●) Adresse ist Südring 24. Das ist im Zentrum von München.
.... (●) Team ist sehr nett. .... (●) Trainer sind jung.
Und .... (●) Kurse? Wir haben Pilates, Step und Yoga.
.... (●) Sauna ist toll. Die Sonnenterrasse auch.
.... (●) Preise sind okay. 48 € im Monat ist nicht teuer.

MODALVERB *DÜRFEN*

Verbot: Du darfst *nicht* arbeiten!

	dürfen
ich	darf
du	darfst
er / es / sie	darf
wir	dürfen
ihr	dürft
sie / Sie	dürfen

dürfen im Satz:

	2		Ende
Sie	dürfen	nicht	arbeiten.

4 ***müssen* oder *dürfen*?** Was ist richtig? Unterstreichen Sie.

◆ Seit wann haben Sie Fieber?
○ Seit gestern.
◆ Also, dann (1) *müssen / dürfen* Sie Tabletten nehmen. Und Sie (2) *müssen / dürfen* viel trinken.
○ Gut. Aber ich habe viel Arbeit und (3) *muss / darf* jetzt ins Büro.
◆ Nein, das geht nicht. Sie (4) *müssen / dürfen* heute und morgen nicht arbeiten. Sie (5) *müssen / dürfen* zu Hause bleiben.
○ (6) *Muss / Darf* ich denn joggen?
◆ Nein, mit Fieber (7) *müssen / dürfen* Sie das nicht. Sie (8) *müssen / dürfen* im Bett bleiben.

DATIV NACH *BEI* UND *ZU*

Der Dativ steht nach der Präposition *bei* ●

	Wo?		
● maskulin	Ich bin	beim	Arzt.
● neutral	Wir sind	beim	Training.
● feminin	Ich bin	bei der	Ärztin.

EXTRAS
beim = bei dem

Der Dativ steht nach der Präposition *zu* →

	Wohin?		
● maskulin	Ich gehe	zum	Arzt.
● neutral	Ich gehe	zum	Rathaus.
● feminin	Ich gehe	zur	Schule.

EXTRAS
zum = zu dem
zur = zu der

5 **Ergänzen Sie.**

zum | beim | ins | bei | aus | in

◆ Mein Bein tut so weh.
○ Du, dann geh (1) .... Arzt!
◆ Das geht nicht. Mein Freund kommt. (2) .... Moskau!

◆ Waren Sie schon (3) .... der Ärztin?
○ Nein. Hat Frau Doktor Schmitt denn jetzt Zeit?

◆ Wo warst du?
○ (4) .... Arzt.
◆ Und wohin fährst du?
○ Ich muss jetzt (5) .... Büro.
◆ Und wo warst du gestern?
○ (6) .... Stuttgart.

Xtra Lesen

Bist du fit? Erkältet? Tipps aus aller Welt

1 **Lesen Sie die Wörter.** Welche Wörter verstehen Sie nicht? Gehen Sie im Kursraum umher und fragen Sie. Fragen Sie auch die Deutschlehrerin / den Deutschlehrer und benutzen Sie ein Wörterbuch.

◆ Was heißt „Körper"?

erkältet | Hühnersuppe | sofort | kämpfen | schmecken | der Körper | entspannen | das Antibiotikum

2 **Lesen Sie den Text und sehen Sie die Fotos an.** Aus welchem Land kommt der Tipp? Schreiben Sie.

www.gesund.de

Schnupfen? Husten? Fieber?

Tipps aus aller Welt

Sie sind erkältet? Sie haben Schnupfen und Husten? Wir haben unsere Leser weltweit gefragt, was man tun kann. Hier sind die Antworten:

Sun-Do aus Korea: Nehmen Sie Vitamin C! Wir essen Kimchi. Das ist Sauerkraut und hat sehr viel Vitamin C. Das hilft.

Yves aus Frankreich: Trinken Sie viel Wasser und schlafen Sie viel! Nur das hilft.

Karen aus Südafrika: Nehmen Sie kein Antibiotikum! Das ist nicht gut. Ihr Körper muss gegen den Virus kämpfen.

Monica aus Spanien: Essen Sie viel Obst, Orangen und Zitronen!

Daniel aus der Schweiz: Trinken Sie Tee mit Honig und Zitrone! Und entspannen Sie! Arbeiten Sie nicht!

Dave aus den USA: Das ist doch ganz einfach! Essen Sie Hühnersuppe! Hühnersuppe wie bei Oma, mit viel Gemüse! Das schmeckt gut und hilft sofort.

A ....

B *Korea*

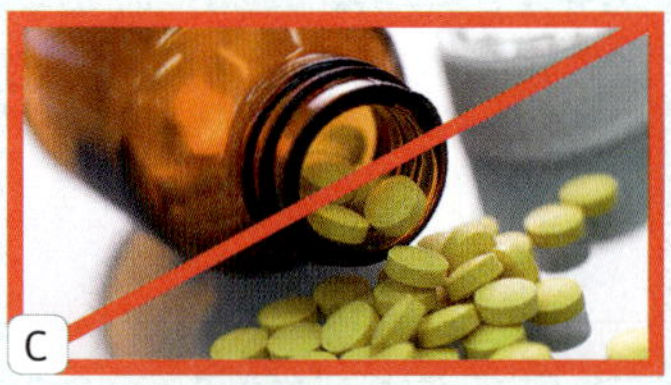

C ....

D ....

E ....

3 **Zu zweit. Lesen Sie den Text noch einmal.** Welchen Tipp finden Sie gut?

◆ Ich finde Daves Tipp gut.

4 **Und in Ihrem Land?** Was tun die Leute, wenn sie erkältet sind? Schreiben Sie einen Tipp wie in 2. Schreiben Sie auf eine Karte. Hängen Sie die Tipps im Kursraum auf und vergleichen Sie.

12 Starten wir!

Beruf und Leben

1 ○ ● Hausmann

2 ○ ● Pilotin

3 ○ ● Journalistin

4 ○ ● Schauspielerin

76 🔊 **1** **Traumjobs?** Alle im Kurs. Hören Sie die Video-Blogs und ordnen Sie Texte und Fotos zu.

2 **Was ist … von Beruf?** Zu zweit. Sehen Sie die Fotos an, fragen und antworten Sie.

3 **Zu zweit. Welche Adjektive verstehen Sie nicht?** Suchen Sie im Wörterbuch.
Wie muss ein Job sein? Geben Sie den Adjektiven Smileys: ☺ / ☹.

○ interessant ○ kreativ ○ sicher ○ spannend ○ nützlich ○ stressig

76 🔊 **4** **Wer sagt was?** Hören Sie 1 noch einmal und notieren Sie.

1 *Pilotin*: Er ist spannend, sicher, und ich verdiene viel Geld.
2 ……………: Die Theater in Deutschland zahlen nicht gut.
3 ……………: Ich arbeite gerne im Team, reise gerne ins Ausland und treffe gerne viele Leute.
4 ……………: Aber ich bin doch ganz glücklich, denn ich habe auch Zeit für mich …

A

Traumjob

Lesen und Grammatik Der coolste Job der Welt **Lesen und Sprechen** MeinJob.de
Schreiben und Sprechen Mein Job und ich

LESEN UND GRAMMATIK

1 **Lesen Sie den Artikel.** Welche Überschrift passt? Ergänzen Sie.

Ben, der Surflehrer | Der coolste Job der Welt | Tolle Inseln

www.traumjobs.com

....

Ben ist der neue „Island Caretaker". Sein Arbeitsplatz: der Strand auf Hamilton Island, Australien. Er verdient 80.000 Euro in sechs Monaten. Das Haus mit Pool und der Jeep kosten nichts. Bens Arbeitszeit: zwölf Stunden pro Monat. Und Bens Aufgaben: Die Touristen-Webseite der Insel updaten, Fotos und Videos machen und einen Blog schreiben.
Hamilton Island ist eine tropische Insel und gehört zum Great Barrier Reef. „Der absolute Traumjob, denn ich schwimme, tauche und surfe jeden Tag", so Ben. Aber ist das nicht langweilig? Keine Kollegen und keine Freunde! „Nein", sagt Ben. „Ich liebe es hier, denn ich bin gerne allein. Aber manchmal kommen auch mein Bruder Linus und Cathy. Cathy ist Linus' Freundin, und sie ist Surflehrerin. Wir machen viel zusammen und haben Spaß." Und ist der Arbeitsplatz sicher? „Nein, natürlich nicht! Ich verdiene jetzt sehr gut, und das Leben ist cool hier: wunderbare Strände, 360 Tage Sonne und immer warm. Klar, ich möchte bleiben. Aber nach sechs Monaten ist dann Schluss. Leider, leider!"

Bens Arbeitsplatz auf der Insel

2 **Zu zweit. Lesen und antworten Sie abwechselnd.**

1 Wo ist Bens Arbeitsplatz?
2 Wie viel verdient Ben?
3 Und Bens Arbeitszeit? Wie viele Stunden arbeitet er?
4 Was sind Bens Aufgaben?
5 Wie findet Ben sein Leben auf der Insel?
6 Was macht Linus' Freundin?
7 Ist Bens Job sicher?

Ben	→	Bens Bruder
Linus	→	Linus' Freundin

3 **Alle im Kurs. Welche Traumjobs kennen Sie noch?** Sammeln Sie an der Tafel, und sagen Sie, warum das ein Traumjob ist.

Traumjobs — *Fitness-Trainerin*

◆ Fitness-Trainerin ist ein Traumjob, denn die Arbeit macht Spaß und man trifft viele Leute.

LESEN UND SPRECHEN

4 **Zu zweit. Lesen Sie die Webseite MeinJob.de.** Wer arbeitet wo? Ordnen Sie zu und sprechen Sie.

a bei Mercedes **b** in der Werkstatt **c** im Krankenhaus

- Krankenschwester
- Krankenpfleger
- Hausfrau
- Hausmann

◆ Die Automechanikerin arbeitet in der Werkstatt. Und der Autoverkäufer?
○ Der Autoverkäufer arbeitet ...

www.meinjob.de

○ **1 Automechaniker/in**
Leipzig Online seit 32 Minuten

per E-Mail senden
+ Job merken

○ **2 Autoverkäufer/in**
Berlin Neukölln Online seit 3 Minuten

○ **3 Krankenschwester / -pfleger**
Düsseldorf Online seit 2 Stunden

77 **5** **Und wo arbeiten die Leute?** Ordnen Sie zu. Dann hören und prüfen Sie.

1 Hausmann
2 Verkäuferin
3 Programmierer
4 Automechanikerin
5 Fitness-Trainerin

a im Fitness-Studio
b im Supermarkt
c bei Microsoft
d zu Hause
e in der Werkstatt

Wo? Im Supermarkt.
Im Büro.
In der Werkstatt.
auch: zu Hause
bei Microsoft (Firma!)

6 **Alle im Kurs. Wer arbeitet wo?** Gehen Sie umher und fragen und antworten Sie.

◆ Wo arbeitest du? ○ Im Büro. / Bei IT-Services ...

7 **Berichten Sie über drei Personen.** ◆ David arbeitet im Büro. ...

SCHREIBEN UND SPRECHEN

8 **Mein Job und ich.** Was ist wichtig für Sie? Kreuzen Sie an und ergänzen Sie.

Mein Job muss
○ sicher sein.
○ spannend sein.
○ interessant sein.
○ kreativ sein.
○ ....

Ich möchte
○ im Team arbeiten.
○ viel verdienen.
○ viele Leute treffen.
○ reisen.
○ ....

9 **Was ist Ihr Traumjob?** Und warum ist was wichtig für Sie? Schreiben Sie auf eine Karte (mit Namen).

Mein Traumjob: Pilot
Mein Job muss sicher sein, denn ich habe eine Familie.
David

10 **Ja, das kann ich ...** Alle im Kurs. Mischen Sie die Karten und nehmen Sie eine neue Karte. Sprechen Sie über Ihre Person.

◆ Das ist Davids Karte. Davids Traumjob ist ... Sein Job muss ...

B

Glücklich!

Lesen, Grammatik und Hören Ich hatte nie Zeit! **Hören und Grammatik** Mein Arzt sagt, ich soll ...
Hören, Schreiben und Sprechen Tipps

LESEN, GRAMMATIK UND HÖREN

1 **Starten wir!** Alle im Kurs. Berufe raten.
Schreiben Sie und lesen Sie vor. Alle raten Ihren Job.

Ich arbeite zu Hause. → ◆ Du bist Hausmann!

2 **Zu zweit. Lesen Sie den Blog.** Was ist richtig? Kreuzen Sie an.

○ Jens ist Controller von Beruf. Er arbeitet bei NanoBots.
○ Jens war arbeitslos. Heute ist er Hausmann und glücklich.

www.hausmann-blog.de

Hausmann und glücklich

Ich heiße Jens und bin 32 Jahre alt. Mein Job: Ich bin Hausmann und bleibe zu Hause bei unseren Kindern, Maike und Sarah. Meine Frau Anna arbeitet. Sie ist Managerin bei Bosch, und sie liebt ihren Job.

Ich bin Controller von Beruf und habe bei NanoBots, einem Start-up in München, gearbeitet. Der Job war sehr, sehr stressig. Zwölf, manchmal vierzehn Stunden Arbeitszeit pro Tag, das war normal. Und ich hatte nie Zeit, nicht für meine Familie und auch nicht für meine Freunde. Am Ende war ich nur noch müde und hatte Burn-out.

Mein Arbeitsplatz bei NanoBots war nicht sicher. Wir hatten immer wieder Probleme mit der Bank, und unsere Kunden haben nicht mehr gezahlt. Unser Chef hat dann die Firma geschlossen, und ich war zwei Jahre arbeitslos.

Heute bin ich Hausmann. Ich lache wieder, habe Spaß am Leben und mir geht es richtig gut.

3 **Zu zweit. Fragen und antworten Sie.**

1 Wie war Jens' Leben als Controller bei NanoBots?
2 Warum war sein Arbeitsplatz nicht sicher?
3 Und wie geht es Jens heute?

4 **Lesen Sie den Blog noch einmal.** Unterstreichen Sie die Formen von *hatt-*. Dann ergänzen Sie die Tabelle.

Ich	....	nie Zeit.
Wir	....	immer Probleme.

78 🔊 **5** **Hören und schreiben Sie den Dialog.**

◆ Und w1e w4r d4s M33t1ng? *Und wie war* ....
○ G4nz gut. 4b3r w1r h4tt3n v13l Str3ss. ....

78 🔊 **6** **Zu zweit. Hören und wiederholen Sie.**
Dann spielen und variieren Sie.

viel Arbeit | viele Probleme | viel zu wenig Zeit

79 **7** **Jens und sein Freund.** Was hat Jens heute gemacht? In welcher Reihenfolge hören Sie das?

- ◯ Am Nachmittag habe ich den Kindern bei den Hausaufgaben geholfen.
- ◯ Um Viertel vor acht habe ich die Kinder zur Schule gebracht.
- ◯ Um halb sieben habe ich das Abendessen gemacht.
- ◯ Ich habe Kaffee getrunken und Zeitung gelesen.
- ◯ Dann bin ich auf den Markt gegangen.
- ◯ Ich habe das Mittagessen gemacht.

bringen	habe gebracht
helfen	habe geholfen
lesen	habe gelesen

8 **Zu zweit. Fragen und antworten Sie.**

◆ Was hat Jens am Morgen / Vormittag / Mittag / Nachmittag / Abend gemacht?
○ Er hat die Kinder zur Schule gebracht. ...

9 **Und Ihr Tag heute?** Was haben Sie gemacht?
Schreiben Sie fünf Sätze und berichten Sie im Kurs.

Um ... habe ich ...

HÖREN UND GRAMMATIK

80 **10** **Jens war mit seinem Burn-out-Problem beim Arzt.** Welche Tipps gibt der Arzt?
Zu zweit. Hören Sie und kreuzen Sie an.

- ◯ Spielen Sie mit den Kindern!
- ◯ Suchen Sie einen Job als Manager!
- ◯ Machen Sie mehr Sport!
- ◯ Machen Sie Ausflüge mit der Familie!
- ◯ Essen Sie gut!
- ◯ Nehmen Sie eine Auszeit!
- ◯ Gehen Sie zum Psychologen!
- ◯ Treffen Sie Freunde!

EXTRAS
eine Auszeit nehmen = nicht arbeiten, ohne Stress leben

81 **11** **Jens berichtet seiner Frau.** Hören Sie und ordnen Sie zu.

Ich	soll	mit den Kindern spielen.
Wir	sollen	mehr Sport machen.
		Ausflüge mit der Familie machen.
		eine Auszeit nehmen.

Ich	soll	mehr Sport machen.
Wir	sollen	mit den Kindern spielen.

HÖREN, SCHREIBEN UND SPRECHEN

82 **12** **Gesundheitstipps gibt's auch von Dr. Becker am Telefon.** Hören und notieren Sie.

	Problem	Tipps
Emilia	immer müde	*mehr Sport, ...*
Elias	Schnupfen und Husten	

13 **Was sollen Emilia und Elias tun?** Schreiben Sie.

Emilia soll mehr Sport machen.

14 **Ja, das kann ich ...** Alle im Kurs. Tipps! Tipps! Tipps! Was sagen Ihr Arzt, Deutschlehrer, Kollege, Chef ... immer wieder? Schreiben Sie drei Sätze und berichten Sie im Kurs.

◆ Mein Arzt sagt, ich soll ...
○ Unser Deutschlehrer meint, wir sollen ...

Arbeit und Freizeit

Lesen Mein Job und ich **Grammatik** *vor / nach* **Hören und Schreiben** Die E-Mail

LESEN

83 **1** **Starten wir!** Hören Sie die Geräusche und raten Sie. Wo arbeiten Tim und Julia? Im TV-Studio, im Yogastudio, in der Großküche?

2 **Zu zweit. Partner(in) A ◆ liest den Text über Tim, Partner(in) B ○ liest den Text über Julia auf Seite 152.** Machen Sie Notizen über Tim/Julia: Name, Alter, Job, Arbeitsplatz, Aufgaben ...

Und am Abend bin ich total müde

Ich bin Küchenhilfe. Meine Arbeitszeit: Ich arbeite zehn Stunden am Tag, sechs Tage die Woche. Wir kochen jeden Tag für 240 Leute: Frühstück, Mittag- und Abendessen. Vor der Frühstückspause koche ich Eier und mache Toast und Kaffee. Dann wasche ich Salat und schäle Kartoffeln. 40 kg Kartoffeln am Tag! Die Umwelt ist ein extrem wichtiges Thema hier, und wir müssen Abfall auf ein Minimum reduzieren. Das finde ich gut, aber die Arbeit ist sehr schwer. Und am Abend bin ich total müde.

Coole Typen hier auf der Forschungsstation!

Ich habe hier auch Zeit für mich. Nach der Arbeit gehe ich für eine Stunde ins Fitness-Studio. Ich mache ein Workout oder laufe. Das ist wichtig, denn so bleibe ich fit für den Job. Ein- oder zweimal pro Woche gehe ich in die Bar oder ins „Kino". Ja, wir haben ein „Kino" auf der Forschungsstation. Eigentlich ist das nur ein Zimmer mit einer großen Flatscreen für 40 bis 50 Leute oder so. Aber es gibt jeden Abend einen Film. Ich kenne da alle, und die Abende machen Spaß. Vor und auch nach dem Film reden wir viel und lachen. Coole Typen hier auf der Forschungsstation! Ich lerne viel über das Leben.

Ich schlafe gut

Im Bett lese ich noch ein bisschen oder chatte mit meiner Freundin. So kann ich entspannen. Ich brauche so 7 bis 8 Stunden Schlaf. Ich schlafe gut, denn ich bin wirklich müde.

Eine Ausbildung als Koch

Es ist extrem kalt hier, minus sechs Grad auch mitten im Sommer. Vielleicht mache ich bald eine Ausbildung als Koch. Und nach der Ausbildung möchte ich in einem Restaurant arbeiten, denn auf der Forschungsstation möchte ich nicht bleiben. Das ist zu schwer!

3 **Ergänzen Sie die Tabelle und vergleichen Sie mit Ihrer Partnerin / Ihrem Partner.**

	Arbeitszeit	Weg zur Arbeit	Zeit für mich	Schlaf
Tim	*10 Stunden an sechs Tagen*			

4 **Zu zweit. Nehmen Sie Ihre Notizen aus 2 und 3 und sprechen Sie über Ihre Texte.**

5 **Wer hat eine / keine gesunde Work-Life-Balance?** Julia oder Tim? Warum?

◆ / ○ Ich finde, Tims / Julias Work-Life-Balance gesund / nicht gesund, denn ...

Beruf und Leben

GRAMMATIK

6 **Zu zweit. Suchen und unterstreichen Sie die Präpositionen *vor* und *nach* im Text über Tim und ergänzen Sie die Tabelle.**

nach / vor
• .... Film
• dem Frühstück
• .... Arbeit

84 **7** **Julia und ihre Freundin.** Zu zweit. Hören und sortieren Sie.

- ◯ ◆ Und wann? Vor oder nach dem Chinesischkurs?
- ◯ ◆ Wollen wir zusammen etwas essen?
- ◯ ○ Nach dem Kurs.
- ◯ ○ Ja, gute Idee.

8 **Was wann ...?** Alle im Kurs. Sammeln Sie an der Tafel.

Wann?
nach der Arbeit
vor dem Training
...

Was?
einen Film sehen
in die Stadt gehen
...

85 **9** **Zu zweit. Hören und wiederholen Sie die Sätze aus 7.**
Dann schreiben Sie zwei Dialoge wie in 7. Variieren und spielen Sie.

HÖREN UND SCHREIBEN

10 **Die E-Mail.** Zu zweit. Lesen Sie. Welche Informationen fehlen?

An: alle@t-online.de
Betreff: Einladung A1-Kurs

Liebe Freundinnen und Freunde,
morgen ist der letzte Kurstag. Wir würden gerne ins Parkcafé gehen. Vielleicht ist das Wetter schön. Dann hat auch der Biergarten geöffnet. Habt ihr Lust?

Viele Grüße
Nina und David

86 **11** **Hören Sie und notieren Sie die fehlenden Informationen.**

Uhrzeit: .... Adresse: ....

12 **Ja, das kann ich ...** Antworten Sie. Schreiben Sie eine E-Mail.

Ja, Sie kommen. ☺

Liebe Nina, lieber David,
danke für ...
Ich komme sehr gerne. / Cool! Ich komme natürlich. / Super Idee! Ich freue mich.
Wo ist ...?
Wann möchtet ihr ...?
Viele Grüße und bis morgen

Nein, Sie kommen nicht. ☹

Liebe Nina, lieber David,
vielen Dank für ...
Ich kann leider nicht kommen. / Ich habe leider keine Zeit. / Ich würde gerne kommen. Aber ich kann nicht.
Ich muss ...
Liebe Grüße

Grammatik Xpress

mehr Übungen im Arbeitsbuch und online

GENITIV

-s	s' z' x'
Marias Schwester	Thomas' Frau
Pauls Eltern	Iris' Großmutter
Emmas Kinder	Franz' Vater
Marthas Freundin	Felix' Baby

1 ***-s* oder *-'*?** Ergänzen Sie.

1 Das ist Christina.... Mutter.
2 Und hier ist Max.... Freundin.
3 Das sind Hanna.... Großeltern.
4 Und das hier ist Agnes.... Mann.
5 Ja, und sieh mal! Hier ist Moritz.... Vater.

PRÄTERITUM VON *HABEN*

	haben
ich	hatte
wir	hatten

hatten im Satz:

	2		Ende
Ich	hatte	nie	Zeit.
Wir	hatten	viele	Probleme.

2 **Jens vor drei Jahren? Oder Jens heute?** Unterstreichen Sie die Formen von *haben* und ordnen Sie zu.

Jens vor drei Jahren

Jens heute

Ich hatte nie Zeit für meine Familie.
Ich habe keinen Stress.
Ich habe viel Zeit für meine Freunde.
Ich hatte einen Chef.
Ich habe kein Büro.
Ich hatte Burn-out.

3 **Ergänzen Sie *hatte* oder *hatten*.**

◆ Und wie war's in Berlin?
○ Cool, wir (1) .... viel Spaß.

◆ Hast du den Film gesehen?
○ Nein, ich (2) .... keine Zeit.

◆ Hat der Job denn Spaß gemacht?
○ Nein, wir (3) .... nur Probleme mit dem Chef.

◆ Warum hast du keinen Wein gekauft?
○ Ich (4) .... kein Geld.

MODALVERB *SOLLEN*

	sollen
ich	soll
du	sollst
er / es / sie	soll
wir	sollen
ihr	sollt
sie / Sie	sollen

sollen im Satz:

	2			Ende
Ich	soll		mehr Sport	machen.
	Sollst	du	im Bett	bleiben?

4 **Julian ist Annas Chef.** Er schreibt ihr eine WhatsApp.
Was sollen die Kolleginnen tun? Schreiben Sie.

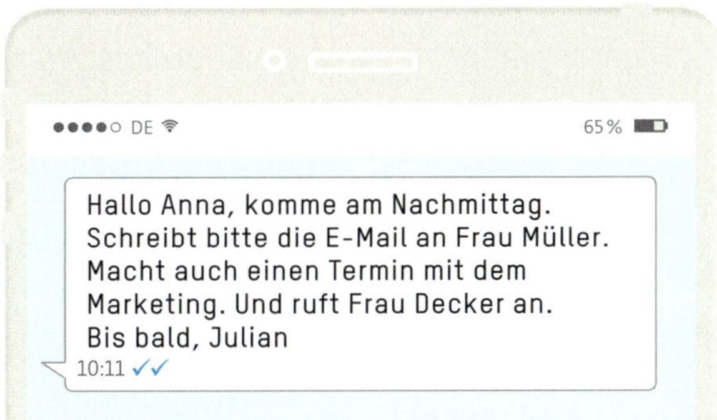

◆ Und was schreibt Julian?

○ *Er kommt am Nachmittag. Wir sollen* ……………………

……………………

……………………

……………………

……………………

……………………

……………………

PRÄPOSITIONEN *VOR* UND *NACH*

Der Dativ steht nach den Präpositionen *vor* und *nach*.

	Wann?	
● maskulin	Vor dem Kurs.	Nach dem Kurs.
● neutral	Vor dem Essen.	Nach dem Essen.
● feminin	Vor der Arbeit.	Nach der Arbeit.

5 **Und wann …?** Schreiben Sie.

1 ● Mittagessen (vor) *Vor dem Mittagessen.*
2 ● Frühstück (nach) ……………………
3 ● Training (nach) ……………………
4 ● Arbeit (vor) ……………………
5 ● Party (nach) ……………………
6 ● Kurs (nach) ……………………

6 ***dem* oder *der*?** Ergänzen Sie.

◆ Wann hast du denn Zeit?
○ Vor (1) …………… ● Essen.

◆ Treffen wir uns denn?
○ Ja, klar. Nach (2) …………… ● Arbeit

◆ Kommst du nach (3) …………… ● Training?
○ Ich weiß noch nicht. Vielleicht.

◆ Was machst du nach (4) …………… ● Abitur?
○ Ich möchte studieren.

Xtra Lesen

Beruf und Leben Deutsch ist cool

1 Was wissen Sie über Deutsch?
Zu zweit. Lesen und raten Sie.

1 Fast einhundert Millionen Menschen sprechen
- ○ Deutsch als Fremdsprache.
- ○ Deutsch als Muttersprache.

2 Jährlich lernen 20 Millionen Menschen weltweit
- ○ Deutsch als Fremdsprache.
- ○ Englisch.

3 Deutsch ist wichtig für
- ○ Filme und Besuche von Museen.
- ○ den Job und die Karriere.

4 Viele deutsche Wörter
- ○ sind international.
- ○ kann man nie verstehen.

5 Deutsche Wörter
- ○ haben immer Umlaute.
- ○ haben oft „gute" Freunde im Englischen.

2 Lesen Sie den Text und prüfen Sie Ihre Antworten.

www.goethe.magazin.net

Deutsch ist cool

Deutsch ist eine wichtige Sprache in Europa. Fast **100 Millionen** Menschen sprechen Deutsch als Muttersprache. Und jährlich lernen 20 Millionen Menschen weltweit Deutsch als Fremdsprache.

Deutsch ist die Sprache für **Job** und **Karriere**. Englisch ist gut für den Start. Aber Sie möchten in Deutschland, Österreich und der Schweiz wirklich erfolgreich sein? Dann lernen Sie Deutsch! Ihr Traum ist eine internationale Karriere? Mit Deutsch haben Sie gute Chancen bei globalen Firmen wie Mercedes, Bosch und Lufthansa ... In Deutschland, bei einer deutschen Firma in Ihrem Land und in vielen anderen Ländern.

Viele deutsche Wörter sind nicht neu für Anfänger.

✓ Deutsch hat viele **internationale Wörter**, zum Beispiel E-Mail, T-Shirt, Doktor, Babysitter und Smartphone.

✓ Sie sprechen Englisch? Deutsche Wörter sind oft ähnlich oder gleich. Finger, Hand, ... sind **„gute" Freunde** und machen das Lernen leicht.

Aber Englisch kann natürlich nur am Anfang helfen. Und manchmal hilft das Englische auch gar nicht, denn es gibt auch „falsche" Freunde. Ein Beispiel ist *das Handy*. Das heißt auf Englisch *mobile phone*.

3 Alle im Kurs. Welche „guten" Freunde kennen Sie noch?
Sammeln Sie an der Tafel.

„gute" Freunde Deutsch – Englisch

Hand – hand

Lektion 1, Aufgabe C15

Partner(in) A ◆

Promi-Quiz. Wer ist das? Woher kommt sie / er?

Fragen Sie Ihre Partnerin / Ihren Partner und ergänzen Sie.

Wer ist das?	Das ist ...
Woher kommt sie / er?	Sie / Er kommt ...

www.quizapp.de

Promi-Quiz

QUIZAPP

Jogi Löw
Deutschland

....
Italien

Wolfgang Amadeus Mozart
....

....
Griechenland

William Shakespeare
....

....
Österreich

Lektion 1, Aufgabe D12

Zu zweit. Spielen und variieren Sie.

◆ Hallo, hier ist Tom. Ist *Emma* da?
○ Hallo, Tom. Nein, möchtest du die Handynummer?
◆ Ja, bitte.
○ Das ist die *0160 960 223 607*.
◆ Danke. Und die E-Mail-Adresse?
○ *emma@web.de*
◆ Danke. Tschüss.

1	Laura	0179 726 03 01	laura@web.de
2	Paula	0176 411 127 98	paula@gmx.at
3	Tim	0151 701 029 58	tim@t-online.de

Lektion 1, Aufgabe C15

Partner(in) B ○

Promi-Quiz. Wer ist das? Woher kommt sie / er?

Fragen Sie Ihre Partnerin / Ihren Partner und ergänzen Sie.

Wer ist das? — Das ist ...

Woher kommt sie / er? — Sie / Er kommt ...

www.quizapp.de

Promi-Quiz

QUIZ APP

Jogi Löw
Deutschland

Mona Lisa
....

....
Österreich

Aristoteles
....

....
England

Marie-Antoinette
....

Lektion 2, Aufgabe C11

Wählen Sie ein Foto und sprechen Sie mit Ihrer Partnerin / Ihrem Partner über „Ihre" Familie.

Fragen und antworten Sie.

◆ Ist das ...? / Sind das ...?
Und wer ist das? /
Und wer sind die?

○ Ja. / Nein.
Das ist ... /
Das sind ...

A

B

Lektion 3, Aufgabe A7

Partner(in) A ◆

Wie heißt das auf Deutsch? Und wie schreibt man das?

Fragen Sie Partner(in) B ○ und ergänzen Sie.

◆ Wie heißt das auf Deutsch?
○ Das ist eine Zitrone.
◆ Noch einmal, bitte.
○ Zitrone.
◆ Und wie schreibt man das?
○ Z-I-T-R-O-N-E, Zitrone.
◆ Danke.
○ Bitte.

Zitrone ……… ……… • Kartoffel ……… • Orange

Lektion 3, Aufgabe A13

Partner(in) A ◆

Was sehen Sie auf Ihrer Webseite? Sprechen Sie mit Partner(in) B ○.

◆ Auf Webseite A sind fünf Tomaten.
○ Ah, aber auf Webseite B sind (nur) …

Lektion 3, Aufgabe A7

Partner(in) B ○

Wie heißt das auf Deutsch? Und wie schreibt man das?

Fragen Sie Partner(in) A ◆ und ergänzen Sie.

- ○ Wie heißt das auf Deutsch?
- ◆ Das ist eine Zitrone.
- ○ Noch einmal, bitte.
- ◆ Zitrone.
- ○ Und wie schreibt man das?
- ◆ Z-I-T-R-O-N-E, Zitrone.
- ○ Danke.
- ◆ Bitte.

Zitrone .... | ● Banane | .... | ● Möhre | ....

Lektion 3, Aufgabe A13

Partner(in) B ○

Was sehen Sie auf Ihrer Webseite? Sprechen Sie mit Partner(in) A ◆.

- ○ Auf Webseite B sind sechs Zitronen.
- ◆ Ah, aber auf Webseite A sind (nur) ...

Lektion 4, Aufgabe A16

Partner(in) A ◆
Fragen Sie Partner(in) B ○ und ergänzen Sie den Terminkalender.

◆ Wann ist die Party? ○ Um acht.
◆ Und wann kommt Paul? ○ Um neun.

● Party	20:00	Paul	21:00
● Deutschkurs	....	Emma	....
● Termin mit Frau Wander	09:45	Herr Gibson	13:15
● Meeting mit Nanotec	....	Laura	....
● Pilateskurs	15:15	Kerstin	15:45

Lektion 7, Aufgabe A12

Partner(in) A ◆ fragt.
Partner(in) B ○ sucht in der Wetter-App und antwortet.

◆ Wie ist das Wetter heute in Hamburg / Salzburg / Dresden?
○ Es ist | schön. Die Sonne ...
| schlecht. ...

Lektion 4, Aufgabe A16

Partner(in) B ○
Fragen Sie Partner(in) A ◆ und ergänzen Sie den Terminkalender.

○ Wann ist die Party?	◆ Um acht.
○ Und wann kommt Paul?	◆ Um neun.

• Party	*20:00*	Paul	*21:00*
• Deutschkurs	18:15	Emma	10:30
• Termin mit Frau Wander	....	Herr Gibson	....
• Meeting mit Nanotec	11:30	Laura	07:30
• Pilateskurs	....	Kerstin	....

Lektion 9, Aufgabe A9 und A10

Zu viert. Jeder nimmt eine Karte und sucht seine Position.
Dann spielen Sie mit den Karten der anderen Sätze.

wir *Wollen* *gehen?* *auf den Flohmarkt*

fahren? *wir* *Wollen* *mit der Straßenbahn*

du *hören?* *Willst* *Musik*

Lektion 3, Aufgabe B4

Partner(in) A ◆ zeigt auf ein Bild und fragt, Partner(in) B ○ antwortet.
Dann zeigt Partner(in) B ○ auf ein Bild und fragt und Partner(in) A ◆ antwortet.

Was isst du denn gerne?	Salat.
Und was trinkst du gerne?	Kaffee.
Isst du gerne …?	Ja. / Nein.
Trinkst du gerne …?	Ja. / Nein.

Orangensaft

Milch

Kaffee

Cola

Käse

Fisch

Pizza

Reis

Obst

Brot

Gemüse

Salat

Lektion 7, Aufgabe A9

Wählen Sie eine Stadt und schreiben Sie eine Wettervorhersage.

Wetter heute
23.05.
Wien
09:00, 8°C
11:00, 14°C
15:00, 16°C
18:00, 14°C

Wetter heute
23.06.
Zürich
09:00, 16°C
11:00, 18°C
15:00, 19°C
18:00, 18°C

Wetter heute
19.01.
Berlin
09:00, –5°C
11:00, –3°C
15:00, –1°C
18:00, –4°C

Wetter heute
15.07.
Athen
09:00, 22°C
11:00, 28°C
15:00, 33°C
18:00, 32°C

Lektion 5, Aufgabe C8

Sortieren Sie die Karten und ergänzen Sie die Tabelle.

1 nn | Wir kö | nde besuchen. | en Freu

2 no gehen. | s Ki | nnst in | Du ka

3 Sport | önnt | Ihr k | machen.

4 Wi | in den Pa | r können | rk gehen.

5 len. | Du k | vier spie | annst Kla

6 r könn | Ih | nsehen. | t fer

7 r könnt m | d Daniel wandern. | Ih | it Laura un

8 Sie ka | ggen. | it Manuel jo | nn m

	2		Ende
1. Wir	*können*	*Freunde*	*besuchen.*

Lektion 8, Aufgabe C15

Rollenspiel *An der Information*. Spielen Sie einmal, dann tauschen Sie die Rollen.

Berlin – München

	Abfahrt	Ankunft	Gleis
ICE 221	14:32 Uhr	20:22 Uhr	8
ICE 144	18:11 Uhr	23:59 Uhr	24

Lektion 8, Aufgabe D4

Partner(in) B ○

Partner(in) A ◆ liest den Text auf Seite 96. Partner(in) B ○ liest den Text hier.

Fragen Sie A und ergänzen Sie Ihren Text. Die Infos für A sind unterstrichen.

○ Wie viele Touristen besuchen Heidelberg pro Jahr?
Woher kommen die Touristen?

www.heidelberg.net

Stadtinfos Heidelberg

Heidelberg ist nicht weit von Frankfurt. Die Stadt ist alt und wunderschön. Und sie hat eine Universität. Besuchen Sie Heidelberg zwischen Mai und September. Dann ist es oft sonnig und warm. Heidelberg hat 150.000 Einwohner. Es gibt sehr viele Studenten, denn die Universität ist berühmt.

Heidelberg hat viele Sehenswürdigkeiten: die Altstadt, das Schloss, die Heiliggeistkirche ... Die Stadt ist nicht groß. Gehen Sie zu Fuß! Oder nehmen Sie die Straßenbahn oder den Bus! .... Touristen besuchen Heidelberg pro Jahr. Sie kommen ....

Lektion 8, Aufgabe D5

Was ist richtig? Kreuzen Sie an.

1 Heidelberg ist ...
○ bei Stuttgart.
○ nicht weit von Frankfurt.

2 Zwischen Mai und September ...
○ regnet es oft.
○ ist es oft sonnig.

3 Heidelberg hat ...
○ 150.000 Einwohner.
○ 4.000.000 Einwohner.

4 Heidelberg hat ...
○ einen Flughafen.
○ eine Universität.

Lektion 12, Aufgabe C2 und C3

C2 Lesen Sie den Text über Julia. Machen Sie Notizen: Name, Alter, Job, Arbeitsplatz, Aufgaben …

Manchmal auch am Wochenende
Ich bin Redakteurin und arbeite in einem Fernsehstudio. Unsere Arbeitszeit ist offiziell 35 Stunden pro Woche. Aber die Realität sieht anders aus: Ich arbeite 10 Stunden am Tag, manchmal auch am Wochenende. Als Redakteurin muss ich Programme planen, Informationen suchen, mit Journalisten zusammenarbeiten und Skripte für neue TV-Serien lesen und schreiben. Das ist spannend, aber auch sehr stressig. Wir haben oft große Projekte hier in der Redaktion.

Das kostet Zeit
Ich wohne in St. Pölten und fahre mit dem Auto ins Büro. Ich brauche eine Stunde hin → und eine Stunde zurück ← Oft gibt es Staus. Das kostet Zeit.

Ich lerne auch Chinesisch
„Zeit für mich" finde ich sehr wichtig. Aber ich habe keine. Ich bin zu wenig bei meiner Familie und sehe auch meine Freunde nicht so oft. Oft arbeite ich am Abend auch zu Hause, dann bleibt noch weniger Zeit für mich.

Ich lerne gerne Fremdsprachen. Ich möchte mein Englisch und mein Französisch verbessern. Ich lerne auch Chinesisch. Einmal pro Woche gehe ich direkt nach der Arbeit in den Chinesisch-Kurs an der Volkshochschule in Wien.

Ich schlafe oft nicht gut
Ich muss morgens um sechs Uhr aufstehen. Ich schlafe oft nicht gut (der Stress!) und bin oft schon vor der Arbeit richtig müde. Manchmal bleibe ich am Wochenende bis mittags im Bett. Aber dann habe ich fast nichts von meiner Freizeit.

C3 Ergänzen Sie die Tabelle und vergleichen Sie mit Ihrer Partnerin / Ihrem Partner.

	Arbeitszeit	Weg zur Arbeit	Zeit für mich	Schlaf
Julia	*10 Stunden + Wochenende*			

Die Uhrzeit

10 Uhr
10:00 / 22:00

5 **nach** 10
10:05 / 22:05

10 **nach** 10
10:10 / 22:10

Viertel **nach** 10
10:15 / 22:15

20 **nach** 10
10:20 / 22:20

5 **vor** halb 11
10:25 / 22:25

halb 11
10:30 / 22:30

5 **nach** halb 11
10:35 / 22:35

20 **vor** 11
10:40 / 22:40

Viertel **vor** 11
10:45 / 22:45

10 **vor** 11
10:50 / 22:50

fünf **vor** 11
10:55 / 22:55

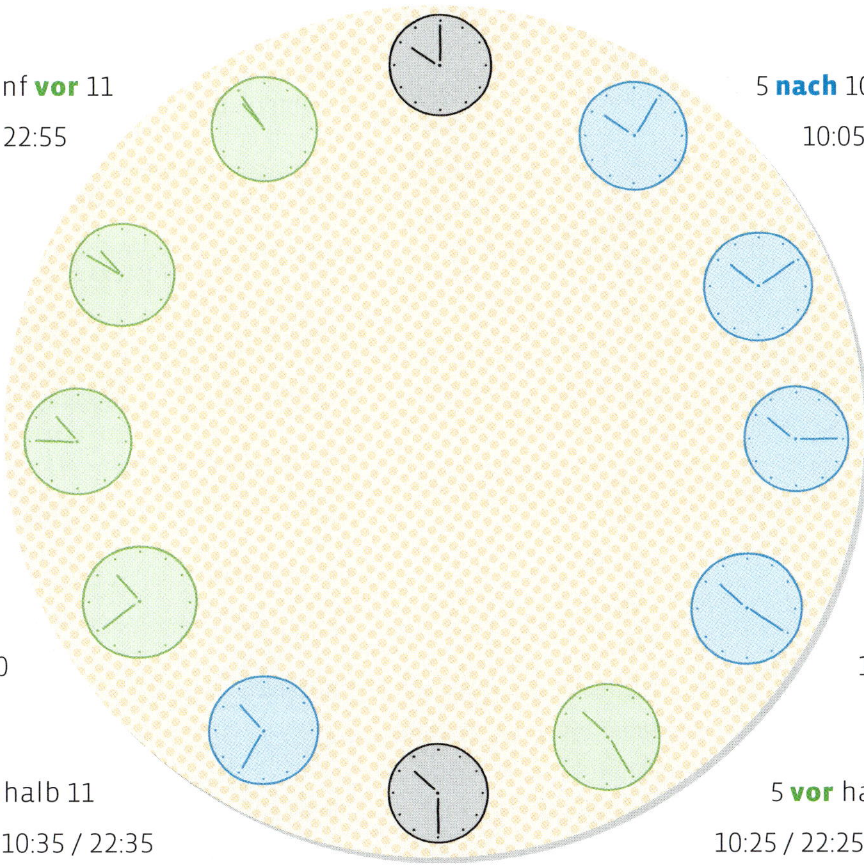

Länder, Hauptstädte, Sprachen

Und Ihr Land, Ihre Hauptstadt ...? Bitte ergänzen Sie die Tabelle.

Land	Hauptstadt
Australien	Canberra
Belgien	Brüssel
Brasilien	Brasilia
Bulgarien	Sofia
China	Peking
Dänemark	Kopenhagen
Deutschland	Berlin
Estland	Tallinn
Finnland	Helsinki
Frankreich	Paris
Griechenland	Athen
Indien	Neu-Delhi
Irland	Dublin
Italien	Rom
Japan	Tokio
Kanada	Ottawa
Kroatien	Zagreb
Lettland	Riga
Litauen	Vilnius
Luxemburg	Luxemburg
Malta	Valletta
die Niederlande	Amsterdam
Österreich	Wien
Polen	Warschau
Portugal	Lissabon
Rumänien	Bukarest
Russland	Moskau
Schweden	Stockholm
die Schweiz	Bern
die Slowakei	Bratislava
Slowenien	Ljubljana
Spanien	Madrid
Tschechien	Prag
die Türkei	Ankara
Ungarn	Budapest
die USA	Washington
das Vereinigte Königreich	London
Zypern	Nikosia

Sprachen

Die meistgesprochenen Sprachen weltweit (Muttersprachler und Sprecher in Millionen)

Die Statistik zeigt die meistgesprochenen Sprachen weltweit und die Sprachen mit den meisten Muttersprachlern. Die meistgesprochene Sprache der Welt ist Englisch mit ca. 1,5 Milliarden sprechenden Menschen. Die Sprache mit den meisten Muttersprachlern ist Chinesisch mit ca. 982 Millionen Menschen.

	Muttersprachler	Sprecher
Englisch	375	1.500
Chinesisch	982	1.100
Hindi	460	650
Spanisch	330	420
Französisch	79	370
Arabisch	206	300
Russisch	165	275
Portugiesisch	216	235
Bengali	215	233
Deutsch	105	185
Japanisch	127	128
Koreanisch	78	78

Alphabetische Wortliste

Die alphabetische Wortliste enthält die Wörter dieses Buches mit Angabe der Seiten, auf denen sie zum ersten Mal vorkommen.
Die kursiv gesetzten Wörter gehören nicht zum Lernwortschatz.
Bei allen Nomen sind Artikel und Plural angegeben.
Nomen mit der Angabe (Sg.) verwendet man (meist) nur im Singular.
Nomen mit der Angabe (Pl.) verwendet man (meist) nur im Plural.

A

B

C

D

G

H

I

J

Y

Z

Quellenverzeichnis

Cover: © Bonninstudio/Westend61/F1online **S. 9:** Hintergrundbild © gettyimages/svetikd **S. 11:** oben rechts © iStock/Yuri_Arcurs **S. 12:** oben rechts © Thinkstock/iStock/Wavebreakmedia Ltd; A © BMW/PR; B © Thinkstock/chargerv8; C © DB/PR; D © Thinkstock/Stockbyte **S. 13:** oben rechts © Thinkstock/iStock/Jacob Wackerhausen; Ü10 von links: © thinstock/iStock/scanrail; © Thinkstock/iStock/atoss; © Thinkstock/iStock/oksix; Ü12 von links: erste Zeile: © Thinkstock/iStock/anna1311; © iStock/deniztuyel; © Thinkstock/iStock/Elenathewise; © Thinkstock/iStock/bergamont; zweite Zeile: © Thinkstock/iStock/Rawpixel Ltd; © iStock/Tarzhanova; © Thinkstock/iStock/karandaev; © Fotolia/Chlorophylle; © Fotolia/stockphotograf **S. 14:** 1 © Thinkstock/Zoonar/Zoonar RF; 2 © thinstock/Purestock; 3 © Thinkstock/Hemera/Oleksiy Mark; 4 © Thinkstock/Photodisc/Medioimages; 5 © Thinkstock/Hermera; 6 © Fotolia/elxeneize; 7 © Fotolia/Franz Pfluegl **S. 15:** oben rechts © Thinkstock/iStock/michaeljung; unten rechts © gettyimages/Alex Grimm/Staff **S. 16:** A © Fotolia/Kzenon; B © iStock/Ingenui; C © Fotolia/Andrey Popov **S. 18:** Ü1 rechts © Thinkstock/Photodisc/Digital Vision.; Ü2 links © Fotolia/ZoomTeam **S. 20:** Berlin © Thinkstock/iStock/SeanPavonePhoto; Portrait © Thinkstock/iStock/Milenko Bokan; Flaggen © Thinkstock/iStock/mushroomstore **S. 21:** Hintergrundbild © Thinkstock/moodboard **S. 22:** A © Thinkstock/iStock/tetmc; B © Thinkstock/iStock/Jacob Ammentorp Lund **S. 23:** © Fotolia/Maridav **S. 24:** Ü2: A: oben © Thinkstock/iStock/Meinzahn; unten © Thinkstock/iStock/hanohiki; B: oben © Thinkstock/Hemera/Konstantin Grishin; unten © Fotolia/undrey; C: oben © Thinkstock/iStock/User2547783c_812; unten © Thinkstock/iStock/pressureUA; 1 © iStock/slobo; 2 © Thinkstock/iStock/AdamGregor; 3 © Thinkstock/Stockbyte/George Doyle; Ü6: A © Fotolia © Franz Pfluegl; B © Thinkstock/iStock/Manakin; C © Fotolia/Gordon Bussiek **S. 25:** Tee © Fotolia/Tesgro Tessieri; Kaffee © Thinkstock/iStock/atoss; Ü12: links © Thinkstock/iStock/monkeybusinessimages; rechts © Thinkstock/iStock/AntonioGuillem **S. 26:** Ü2: links © Thinkstock/PHOTOS.com>>/Jupiterimages; Mitte © Thinkstock/iStock/Catherine Yeulet; rechts © Thinkstock/iStock/XiXinXing; Pony © Fotolia/Rita Kochmarjova; Katze © Thinkstock/iStock/Magone **S. 27:** Ü12 © Thinkstock/iStock/monkeybusinessimages; Ü13 von links: © Thinkstock/iStock/Wavebreakmedia; © Fotolia/Nadine Haase; © Thinkstock/iStock/iurii Konoval; © Thinkstock/iStock/Wavebreakmedia **S. 28:** A © Thinkstock/iStock/BuranaS; B © Thinkstock/iStock/andrej_k; C © Thinkstock/iStock/AlexLMX; D © Thinkstock/iStock/ViktorCap **S. 30:** Ü2 von links: © Thinkstock/iStock/Wavebreakmedia Ltd; © Thinkstock/iStock/tetmc; © Thinkstock/iStock/Believe_In_Me; © Thinkstock/iStock/GlobalP **S. 31:** 1 © Thinkstock/iStock/AVAVA; 2 © Thinkstock/iStock/m-imagephotography **S. 32:** Pokal © Fotolia/grgroup; Fahne © Fotolia/grgroup; Zweige © Fotolia/grgroup; Rennwagen © Thinkstock/iStock/ssuaphoto; Vater und Sohn © Fotolia/ericb; Illustration © Thinkstock/iStock/Ola-Ola **S. 33:** Collage: Hintergrundbild © Thinkstock/Hemera/Yuri Arcurs; Hamburger © Thinkstock/iStock/rvlsoft; Hähnchen © Thinkstock/iStock/munderloh; Zitronen © Thinkstock/iStock/Samohin; Bier © Fotolia/stockphoto-graf; Cola © Fotolia/Denis Semenchenko; Weinflasche © Thinkstock/iStock/DoroO; Ei © Thinkstock/iStock/Natikka; Saft © Fotolia/Apart Foto; Milch © Fotolia/seen; Käse © Fotolia/Elena Schweitzer; Tee © Thinkstock/iStock/Александр Перепелица; Wasser © Thinkstock/iStock/Hyrma; Kaffee © Thinkstock/iStock/atoss; Obst © Thinkstock/Medioimages/Photodisc; Salat © Thinkstock/iStock/vitalssss; Gemüse © Thinkstock/Hemera/Sandra Van der steen **S. 34:** Familienvater © Thinkstock/Wavebreak Media/Wavebreakmedia Ltd; Collage: Studentin © Fotolia/codiarts mit Grafik auf Shirt © Thinkstock/iStock/Lilllia **S. 35:** © iStock/Geber86 **S. 36:** 1 © Thinkstock/iStock/m-imagephotography mit Grafik auf Shirt © Thinkstock/iStock/Lilllia; 2 © Fotolia/olly; 3 © iStock/andresr; 4 © Thinkstock/iStock/Aleksandr Ermolaev **S. 37:** © Thinkstock/iStock/nilsz **S. 38:** Ü4 von oben: © iStock/Juanmonino; © Thinkstock/iStock/EpicStockMedia; © Thinkstock/iStock/monkybusinessimages **S. 39:** © Fotolia/Dan Race **S. 40:** Käse © Thinkstock/iStock/levkr; Tomate © Thinkstock/iStock/anna1311; Hähnchen © Thinkstock/iStock/munderloh; Bier © Fotolia/stockphoto-graf; Milch © Fotolia/seen; Kartoffeln © Thinkstock/iStock/ruzanna; Eier © Thinkstock/iStock/dfstyle; Weinglas © Thinkstock/iStock/goir **S. 42:** © Fotolia/photophonie **S. 43:** © Fotolia/Jürgen Fälchle **S. 44:** 1 © Fotolia/minadezhda; 2 © Thinkstock/dv1598004/Digital Vision; 3 © iStock/OlgaMiltsova; 4 © Thinkstock/iStock/librakv; 5 © Thinkstock/iStock/GeorgeDolgikh; 6 © Thinkstock/iStock/ValentynVolkov; 7 © Thinkstock/Hemera Heike Brauer **S. 48:** 1 © Thinkstock/iStock/xiaoke ma; 2 © Thinkstock/iStock/inbj; 3 © Thinkstock/iStock/Vimvertigo; 4 © Thinkstock/iStock/lucato; 5 © Thinkstock/Hemera/Iakov Filimonov; 6 © Thinkstock/iStock/Grassetto; 7 © Thinkstock/iStock/oorka; 8 © Thinkstock/iStock/scanrail; 9 © Thinkstock/iStock/annaia **S. 49:** © Fotolia/StockPhotoPro **S. 52:** Ü1 rechts © Thinkstock/iStock/nyul **S. 53:** © Fotolia/pressmaster **S. 54:** Portrait © iStock/Daniel Ernst; Familie © Fotolia/contrastwerkstatt **S. 55:** Collage: Hintergrundbild © Thinkstock/Stockbyte/Jupiterimages; ins Fitnessstudio gehen © Thinkstock/iStock/boggy22; einkaufen © Fotolia/s4svisuals; Freunde einladen © Fotolia/ACP prod; die Familie besuchen © Fotolia/Monkey Business; Frau mit Kopfhörer © Thinkstock/iStock/Nastia11; in den Park gehen © iStock/Geribody; Freunde treffen © Fotolia/iko; feiern © iStock/wundervisuals **S. 56:** Ü2 rechts © Thinkstock/iStock/Kenishirotie; B © Thinkstock/Stockbyte/Jupiterimages; Brand X Pictures; C © Thinkstock/iStock/PixelChik; D © Thinkstock/iStock/erikreis **S. 58:** Ü2 Hintergrundbild © Thinkstock/iStock/Stephanie Zieber; Bär © Thinkstock/iStock/cbies **S. 59:** © Thinkstock/iStock/Daniel Ernst **S. 60:** schwimmen © Thinkstock/iStock/Click_and_Photo; Golf spielen © Thinkstock/iStock/EpicStockMedia; walken © Thinkstock/iStock/gbh007; wandern © Thinkstock/Stockbyte/Jupiterimages **S. 61:** © Thinkstock/Wavebreak Media/Wavebreakmedia Ltd **S. 63:** Ü7 © Thinkstock/iStock/g-stockstudio **S. 64:** © Fotolia/marcus_hofmann **S. 65:** © Thinkstock/iStock/Wavebreakmedia **S. 66:** Ü1: Flugzeug © Thinkstock/Ingram Publishing; Taxi © Thinkstock/iStock/Bernhard Richter; OP © Thinkstock/iStock/Tomwang112; Tanken © Thinkstock/Polka Dot/Jupiterimages; Callcenter © Thinkstock/Stockbyte/George Doyle; Ü3: Krankenhaus © Thinkstock/iStock/RedlineVector; Tankstelle © Thinkstock/iStock/pialhovik; Auto © Thinkstock/iStock/ihorzigor; Flugzeug © Thinkstock/iStock/sv-time; Frau © Thinkstock/iStock/justinroque **S. 67:** Hintergrundbild © Fotolia/gstockstudio **S. 69:** unten rechts © Thinkstock/Wavebreak Media/Wavebreakmedia Ltd **S. 70**: Extras: oben © Thinkstock/iStock/monkeybusinessimages; unten © Thinkstock/iStock/Peter_visual

S. 71: Ü8 1 © Thinkstock/iStock/Poike; 2 © Thinkstock/Goodshoot/Jupiterimages; 3 © Thinkstock/iStock/Bombaert; 4 © Thinkstock/DigitalVision/Photodisc; 5 © Thinkstock/Zoonar/Zoonar/J.Wachala; 6 © Thinkstock/iStock/AlbertPego **S. 72:** Ü3 von links: © iStock/KatarzynaBialasiewicz; © Thinkstock/Creatas/Jupiterimages; © Thinkstock/iStock/Peter_visual; © Thinkstock/iStock/in4mal **S. 73:** Ü11 © Fotolia/Robert Kneschke **S. 75:** © Thinkstock/iStock/Lordn **S. 76:** 1 © Thinkstock/iStock/Terroa; 2 © Thinkstock/iStock/ralfgosch; 3 © Thinkstock/iStock/piovesempre **S. 77:** Hintergrundbild © Fotolia/Alliance **S. 78:** Ü2 von links: © Thinkstock/iStock/PIKSEL; © Fotolia/Alena Ozerova; © Thinkstock/Wavebreak Media/Wavebreakmedia Ltd; © iStock/Ugurhan Betin **S. 80:** Ü3 © iStock/GibsonPictures **S. 82:** Baby © iStock/Zurijeta; Ü4 von links: © Fotolia/elxeneize; © DB/Presse; © Thinkstock/huettenhoelscher; zu Hause © iStock/PeopleImages **S. 84:** Ü2 von links: © Thinkstock/iStock/poplasen; © Thinkstock/iStock/monkeybusinessimages; © Thinkstock/Wavebreak Media/Wavebreakmedia Ltd **S. 85:** © Thinkstock/moodboard/Mike Watson Images **S. 86:** © iStock/101cats **S. 87:** © iStock/bluejayphoto **S. 88:** Ü1 © iStock/ferrantraite; Ü2 © iStock/skynesher **S. 89:** Hintergrundbild © iStock/Nikada **S. 90:** 1 © Thinkstock/iStock/feedough; 2 © Thinkstock/iStock/Poike; 3 © Fotolia/RAM; 4 © Thinkstock/iStock/Shershel **S. 91:** Ü6 rechts © Thinkstock/Photodisc/David De Lossy; A – G © Thinkstock/iStock/ayax **S. 92:** Ü1 von links: erste Zeile: © Fotolia/virtabo; © Thinkstock/Hemera/Anna Trilling; © Fotolia/ArTo; © Fotolia/txakel; zweite Zeile: © Fotolia/roza; © Fotolia/samarttiw; © Fotolia/carloscastilla; © Fotolia/tuayai; sehen © Thinkstock/Ingram Publishing **S. 94:** Ü2 von links: © Thinkstock/iStock/anyaberkut; © Thinkstock/iStock/m-1975; © Fotolia/Maridav **S. 95:** A © Fotolia/shantihesse; B © Fotolia/Petair; C © Fotolia/Petra Beerhalter **S. 96:** Ü4 © Thinkstock/iStock/DMEPhotography **S. 98:** © Thinkstock/iStock/m-gucci **S. 99:** © Fotolia/Pixelshop **S. 100:** Ü1 von links: © Fotolia/pio3; © Fotolia/mkrberlin; © Fotolia/ArTo; © Thinkstock/iStock/hsvrs; Ü3: © Fotolia/vladans; Stempel © Thinkstock/iStock/Fourleaflover **S. 101:** Hintergrundbild © Fotolia/Blend Images **S. 104:** Ü7 von links: © Thinkstock/iStock/OksanaKiian; © Thinkstock/iStock/genious2000de; © Fotolia/B. and E. Dudziński; © Fotolia/volff **S. 105:** © iStock/lechatnoir **S. 106:** © iStock/Yuri_Arcurs **S. 107:** A © iStock/tupungato; B © iStock/zveiger alexandre ; C © iStock/Pilin_Petunyia **S. 109:** © Thinkstock/iStock/william87 **S. 110:** © iStock/franckreporter **S. 111:** Hintergrundbild © Thinkstock/iStock/JohanJK; 1 © Thinkstock/iStock/Manninx; 2 © Fotolia/mRGB; 4 © Fotolia/Stefan Arendt **S. 112:** 1 © iStock/marrio31; 2 © Fotolia/Mr.X; 3 © Fotolia/BillionPhotos.com; 4 © iStock/Foxys_forest_manufacture; Ü3 © Fotolia/nicomax **S. 113:** © iStock/ra-photos **S. 114:** Ü2: Hintergrundbild © Fotolia/druckingenieur; Grafiken © Fotolia/VRD; Flaggen © Fotolia/noche **S. 115:** Ü7: erste Zeile: A © Fotolia/tagstiles.com; B © iStock/Voyagerix; C © EpicStockMedia/Quincy Dein; dritte Zeile: A © iStock/HaraldBiebel; B © iStock/pashapixel; C © Fotolia/XtravaganT **S. 116:** Ü2: Illu © Thinkstock/iStock/dejanj01; Meerblick © Fotolia/pia-pictures **S. 117:** Auto © Fotolia/JiSign; Fußspuren © Fotolia/snyGGG **S. 118:** Ü1: Fußspuren © Fotolia/snyGGG; Auto © Fotolia/JiSign **S. 119:** wandern © iStock/william87; Fußspuren © Fotolia/snyGGG; Auto © Fotolia/JiSign **S. 120:** Ü3: Hotel © Thinkstock/iStock/robinimages; Grafik © Thinkstock/iStock/Maria_Kolyadina **S. 121:** Hintergrundbild © Thinkstock/Creatas/Creatas **S. 122:** Ü4 von links: © Thinkstock/iStock/allanswart; © Thinkstock/iStock/Sergey_Peterman; © Thinkstock/DigitalVision/Siri Stafford **S. 124:** A © Fotolia/Stefan Schurr; B © Thinkstock/iStock /LuckyBusiness; C © Fotolia/oneinchpunch; D © Thinkstock/Blend Images/Erik Isakson **S. 125:** 1 © iStock/Cathy Yeulet; 2 © iStock/Toltek; 3 © iStock/Todor Tsvetkov; 4 © iStock/Neustockimages; 5 © iStock/gpointstudio; 6 © Thinkstock/iStock/ArthurHidden **S. 126:** Logo © Thinkstock/iStock/Makkuro_GL **S. 127:** © iStock/g-stockstudio **S. 128:** A © iStock/Dirima; B © iStock/kwanchaichaiudom; C © Fotolia/Viacheslav Iakobchuk; D © iStock/Renee Keith; E © iStock/Vesna Andjic **S. 129:** Ü12 Grafiken © Thinkstock/iStockKittisak_Taramas **S. 131:** © iStock/Willie B. Thomas **S. 132:** Familie © Fotolia/drubig-photo; A © iStock/Barcin; B © Thinkstock/iStock/moggara12; C © Thinkstock/BananaStock/BananaStock; D © Thinkstock/iStock/Sebalos; E © iStock/villagemoon **S. 133:** 1 © Fotolia/Westend61; 2 © iStock/andresr; 3 © iStock/Ridofranz; 4 © iStock/Jacob Wackerhausen **S. 134:** Ü1 © iStock/Tanya Puntti; Ü3 © iStock/LUNAMARINA **S. 135:** © iStock/SolStock **S. 136:** © Fotolia/Westend61 **S. 138:** Landschaft © Thinkstock/iStock/Wandering-Cloud; Portrait © Thinkstock/Monkey Business/Monkey Business Images; Weg zur Arbeit © iStock/Alex Belomlinsky **S. 139:** © iStock/Michal Krakowiak **S. 141:** Müsli © iStock/Floortje; Joggen © iStock/lechatnoir **S. 142:** © iStock/kali9 **S. 143:** C15 von links: erste Zeile: © gettyimages/Alex Grimm/Staff; © Thinkstock/iStock/popovaphoto; © Thinkstock/iStock/GeorgiosArt; zweite Zeile: © Thinkstock/PHOTOS.com››/Photos.com; © Thinkstock/PHOTOS.com››/Photos.com; © Thinkstock/iStock/GeorgiosArt **S. 144:** C 15 von links: erste Zeile: © gettyimages/Alex Grimm/Staff; © Thinkstock/iStock/popovaphoto; © Thinkstock/iStock/GeorgiosArt; zweite Zeile: © Thinkstock/PHOTOS.com››/Photos.com; © Thinkstock/PHOTOS.com››/Photos.com; © Thinkstock/iStock/GeorgiosArt; C11: A © Fotolia/drubig-photo; B © Fotolia/drubig-photo **S. 145:** A7 von links: erste Zeile: © Thinkstock/iStock/Samohin; © Fotolia/Friedberg; © Fotolia/Waler; © Fotolia/euthymia; © Fotolia/Xavier; A13 von links: erste Zeile: © Fotolia/Tim UR; © Fotolia/strekoza64; © Thinkstock/iStock/bergamont; zweite Zeile: © Fotolia/petzshadow; © Fotolia/Natika; © Fotolia/Friedberg **S. 146:** A7 von links: © Thinkstock/iStock/Samohin; © Fotolia/Friedberg; © Fotolia/Waler; © Fotolia/euthymia; © Fotolia/Xavier; A13: © Thinkstock/iStock/mbongorus; Collage aus © Fotolia/strekoza64 und © Thinkstock/iStock/5second; © Thinkstock/iStock/iDymax; zweite Zeile: © Thinkstock/iStock/agafapaperiapunta; © Thinkstock/Hemera/Alexander Shevchenko; © Thinkstock/Stockbyte/Stockbyte **S. 149:** Saft © Fotolia/Apart Foto; Milch © Fotolia/seen; Kaffee © Thinkstock/iStock/atoss; Cola © Fotolia/Denis Semenchenko; Käse © Fotolia/Elena Schweitzer; Fisch © Thinkstock/iStock/DrPAS; Pizza © Thinkstock/iStock/Photocrea; Obst © Thinkstock/Medioimages/Photodisc; Brot © Thinkstock/iStock/orinoco-art; Gemüse © Thinkstock/Hemera/Sandra Van der steen; Salat © Thinkstock/iStock/vitalssss **S. 151:** D4 © Thinkstock/iStock/DMEPhotography; D5 © Thinkstock/iStock/ferlistockphoto **S. 152:** Collage © Thinkstock/iStock/ivansmuk; Portrait © Thinkstock/Wavebreak Media/Wavebreakmedia Ltd; Weg zur Arbeit © iStock/Alex Belomlinsky **S. 153:** © Thinkstock/iStock/Nikola1988 **S. 154:** © Fotolia/robert **Alle weiteren Fotos** © Andi Huber